国家职业教育城市轨道交通专业教学资源库配套教材

城市轨道交通车辆机械系统检修

彭育强　黎新华　主　编
熊　律　贺文锦　副主编
　　　员　华　主　审

人民交通出版社股份有限公司
北京

内 容 提 要

本书为国家职业教育城市轨道交通专业教学资源库配套教材。本书共8个项目，主要内容包括：车辆机械系统检修基础、车辆检修基地、车体及内装检修工艺、供风及制动系统检修工艺、贯通道及车钩检修工艺、车门检修工艺、转向架检修工艺、空调检修工艺等。

本书为城市轨道交通车辆技术专业核心课程教材，可供职业院校城市轨道交通相关专业教学使用，亦可供城市轨道交通行业培训使用。

本书配有多媒体助教课件，教师可加入职教轨道教学研讨 **QQ 群获取**（群号 **129327355**）。

图书在版编目(CIP)数据

城市轨道交通车辆机械系统检修／彭育强,黎新华主编. —北京：人民交通出版社股份有限公司,2020.10
ISBN 978-7-114-16448-4

Ⅰ.①城… Ⅱ.①彭…②黎… Ⅲ.①城市铁路—铁路车辆—车辆检修—职业教育—教材 Ⅳ.①U279.3

中国版本图书馆 CIP 数据核字(2020)第 051261 号

国家职业教育城市轨道交通专业教学资源库配套教材
Chengshi Guidao Jiaotong Cheliang Jixie Xitong Jianxiu

书　　名：	城市轨道交通车辆机械系统检修
著 作 者：	彭育强　黎新华
责任编辑：	王　丹　司昌静
责任校对：	刘　芹
责任印制：	张　凯
出版发行：	人民交通出版社股份有限公司
地　　址：	(100011)北京市朝阳区安定门外外馆斜街3号
网　　址：	http://www.ccpcl.com.cn
销售电话：	(010)59757973
总 经 销：	人民交通出版社股份有限公司发行部
经　　销：	各地新华书店
印　　刷：	北京虎彩文化传播有限公司
开　　本：	787×1092　1/16
印　　张：	8.75
字　　数：	203 千
版　　次：	2020年10月　第1版
印　　次：	2023年8月　第3次印刷
书　　号：	ISBN 978-7-114-16448-4
定　　价：	32.00 元

(有印刷、装订质量问题的图书由本公司负责调换)

前言

【编写背景】

为面向城市轨道交通大规模的投资建设对城市轨道交通建设人才提出的高技能要求,注重学生职业精神、工匠精神、劳模精神的培养,结合轨道交通车辆检修岗位需求,突出学生创新精神和实践能力的培养,实现教材的项目化、案例化、模块化等现代化教学方法应用,进一步办好新时代职业教育,满足城市轨道交通车辆检修技术技能型人才的需要,国家级职业教育专业教学资源库城市轨道交通专业项目组针对城市轨道交通车辆检修的岗位需求组织相关资源建设,并同步编写了本配套教材。

【课程特点】

城市轨道交通车辆机械系统检修是城市轨道车辆应用技术专业核心课程。教材的核心内容为城市轨道车辆各机械部件检修工艺标准。编者通过对广州地铁、深圳地铁等检修车间的现场调研,仔细分析车辆机械检修岗位技能要求,在教材编写内容上选取车辆机械检修现场常见的技能重点难点内容,着重加强对检修工艺、检修方法、检修流程的应用实施,旨在培养具有较强分析问题、解决问题和操作技能的技术技能型人才,为学生今后从事城市轨道交通车辆检修岗位打下扎实的基础。

【特色与创新】

1. 岗课赛证融通

通过本校多年的课程建设成果转化,融入岗课赛证相关要求,教材知识点涵盖了1+X轨道交通车辆机械维护职业技能等级证书内容以及世界技能大赛、职业院校学生专业技能大赛轨道交通车辆赛项竞赛内容。

2. 富媒体融合教材

依托国家级职业教育专业教学资源库城市轨道交通专业资源库,建设了丰富的在线数字课程资源,包括微课、动画、微视频、习题库、教学PPT、习题解答等,形成了优质的富媒体一体化数字资源,一些资源直接对标世界技能大赛、职业院校技能大赛轨道交通技能赛项检修以及轨道车辆机械维护职业技能等级证书内容。

3. 校企双元合作

本教材依托广州地铁、深圳地铁等多个运营单位的车辆检修工艺标准,进行深度校企合作,根据岗位要求凝练教学实施内容,注重学生的技能培养。

【编写分工】

本教材由广东交通职业技术学院彭育强和黎新华担任主编,广东交通职业技术学院熊律以及中铁检验认证车辆检验站有限公司原研发工程师贺文锦担任副主编,由广州市地下铁道总公司员华教授级高级工程师主审。全书共分为八个项目,具体编写分工为:项目一、项目二、项目三由彭育强编写,项目八由黎新华编写,项目四、项目七由熊律编写,项目五、项目六由贺文锦编写。

【配套资源】

教材配合国家级专业教学资源库使用,资源库平台上有动画、PPT课件、现场视频、图片、题库、微课等教学资源,教材上有视频、动画、微课等资源的二维码,方便学习者观看使用。

【致谢】

本书在编写过程中,得到了广东交通职业技术学院、广州市地下铁道总公司、上海市公用事业学校、北京市地铁运营有限公司、深圳市地铁集团有限公司和中铁检验认证车辆检验站有限公司等单位有关领导和专家的指导与帮助,在此一并表示感谢。

由于编者水平有限,书中难免存在疏漏和不妥之处,恳请各位专家、读者批评指正。最后,我们对所有为本书的完成和出版给予支持和帮助的相关人员表示最衷心的感谢。

编 者

2020 年 6 月

目 录

职业技能导学

项目一 车辆机械系统检修基础 ·· 1
    任务一　车辆零部件损伤与故障 ··· 1
    任务二　车辆检修制度 ·· 7
    【课后习题】 ··· 13

项目二 车辆检修基地 ·· 15
    任务一　检修基地的基础设施 ··· 15
    任务二　检修基地的设备及配置原则 ······································ 21
    【课后习题】 ··· 26

项目三 车体及内装检修工艺 ·· 27
    任务一　车体检修 ··· 27
    任务二　客室内装检修 ·· 32
    任务三　驾驶室检修 ··· 38
    【课后习题】 ··· 43

项目四 供风及制动系统检修工艺 ·· 45
    任务一　供风模块和空压机检修 ··· 45
    任务二　基础制动装置及 EP2002 系统检修 ······························ 55
    任务三　供风及制动系统辅助装置检修 ··································· 60
    【课后习题】 ··· 64

项目五 贯通道及车钩检修工艺 ··· 66
    任务一　贯通道检修 ··· 66
    任务二　车钩检修 赛 证 ··· 72
    【课后习题】 ··· 81

项目六 车门检修工艺 ·· 83
    任务一　驾驶室侧门检修 ·· 83
    任务二　客室门检修 赛 证 ·· 86
    【课后习题】 ··· 99

项目七 转向架检修工艺 ·· 101
    任务一　轮对检修 赛 证 ··· 101
    任务二　构架及弹性悬挂装置检修 赛 证 ································· 106
    任务三　牵引及减震装置检修 赛 证 ······································ 109

任务四　其他装置检修 ·· 112
　　【课后习题】 ·· 117
项目八　车辆空调检修工艺赛证 ·· 118
　　任务一　车辆空调零部件的清洁与更换 ··· 118
　　任务二　车辆空调机组主要部件检修 ·· 124
　　任务三　车辆空调辅助部件检修 ·· 126
　　【课后习题】 ·· 130
数字资源索引 ··· 131
参考文献 ·· 132

职业技能导学

一、工作岗位对应（岗）

城市轨道交通车辆机械系统检修是城市轨道车辆应用技术专业的核心课程,城市轨道车辆应用技术专业学生进入城市轨道交通企业后对应工作岗位如下所示。

城市轨道车辆应用技术专业主要相关岗位

二、课程衔接关系（课）

与本课程相关的先修课程有城市轨道交通概论、机械制图与CAD、机械基础、城市轨道交通车辆制动系统,先修课程中学习了机械基础、城市轨道交通车辆基本构造、测量工具的使用等基础知识及技能,为本课程的学习提供了基础。学习本课程之后,学生将了解到城市轨道交通车辆机械系统发生损伤的原因,懂得城市轨道交通车辆检修基地的基本作用,掌握车体及内装的检修、制动系统的检修工艺、车钩的检修流程、转向架和车辆空调的检修工艺等,能为后续课程城市轨道列车操作及故障处理、城市轨道交通安全管理提供更综合的技能支撑。

三、技能大赛赛项（赛）

该课程对接世界技能大赛、职业院校学生专业技能大赛轨道车辆技术赛项竞赛内容。该赛项均采用团队比赛形式进行,每支参赛队伍由2名选手组成,竞赛内容包括"客室车门的安装与调试"、"车辆空调维护与检修"、"车辆整车故障排查与处理"等内容,本教材与技能赛项考核内容对接知识点如下。

序号	技能大赛考核要点	对应教材知识点	所在页码
1	客室车门部件组装	安装左右下摆臂组件	93
		安装左右平衡轮	99
		安装外部紧急解锁装置组件	89
2	客室车门机械调试	门扇平行度	95
		门扇V型调节	93
		门扇上下部摆出调节	94
		门扇净开调节	87

续上表

序号	技能大赛考核要点	对应教材知识点	所在页码
3	转向架外观检查	检查构架	107
		检查轮对和轴箱装置	103
		检查一系悬挂装置	107
		检查二系悬挂装置	108
		检查横向油压减震器	112
		检查止挡	112
4	转向架部件测量	轮对内侧距	102
		车轮直径测量	103
		轮缘厚度及高度测量	103
		横向止挡间隙测量	112
		闸瓦厚度测量	115
		一系悬挂高度测量	107
5	转向架部件更换	横向减振器更换	111
		闸瓦更换	115

四、1+X证书考点(证)

本教材内容对接城市轨道车辆应用技术专业"1+X"轨道交通车辆机械维护职业技能等级要求,实现了以城市轨道交通车辆机械职业技能等级标准为中介的教学体系与城市轨道交通运营企业需求体系对接。本教材与城市轨道交通车辆机械维护职业技能等级证书对接知识点如下。

序号	轨道交通车辆机械维护职业技能要求	对应教材知识点	所在页码
1	客室车门机械调试	门扇平行度	95
		门扇V型调节	93
		门扇上下部摆出调节	94
		门扇净开调节	87
2	车辆转向架检修	轮对内侧距	102
		车轮直径测量	103

项目一 车辆机械系统检修基础

项目描述

　　我国城市轨道交通车辆的运用已具有较大规模,对车辆的运行安全、可靠性等提出了更高的要求,而城市轨道交通车辆机械检修则是满足以上要求的基本保证。

　　城市轨道交通车辆运行速度快、载客量大,车辆运行一段时间后,其各零部件会有一定的损伤。如何确定对损伤零件的检修时机呢?过早维修会浪费城市轨道交通车辆的运用能力,太迟维修则会引起零部件的损伤加剧,因此必须建立合理的检修制度进行定期维护。

　　本项目主要对城市轨道交通车辆机械检修进行基础性介绍,了解当前城市轨道交通车辆适应城市轨道交通网络要求的运营、检修管理体制和检修制度,实现城市轨道交通车辆设备资源、人力资源统一管理、综合利用以及管理的集约化、规模化,提高车辆运营、检修工作效率,运行质量,经济效益和社会效益。

知识技能点

1. 城市轨道交通车辆零部件的损伤与故障基本内容。
2. 城市轨道交通车辆零部件的损伤与失效形式。
3. 城市轨道交通车辆零部件损伤引起的故障类型。
4. 城市轨道交通车辆的检修模式、检修工艺等。

建议课时

6学时(任务一3学时,任务二3学时)

任务一　车辆零部件损伤与故障

教学导航

　　城市轨道交通车辆具有运行速度快、载客量大等特点,在运行一段时间后,其零部件结构会有一定程度的损伤,如机械部分发生零件的磨损、连接件发生松动、密封件失效等;电气部分出现触头接触不良、绝缘出现老化现象等问题。因此,必须适时地对城市轨道交通车辆进行相应的维护、保养、检修等工作,及时发现相关故障并及时消除,使城市轨道交通车辆始终可以保持正常运营的状态。

本任务中,首先对城市轨道交通车辆零部件损伤和故障的相关概念进行介绍,其次讲述几种常见的车辆零部件损伤与失效形式,最后从实际运用的角度讲述车辆零部件损伤引起的常见故障类型以及引起车辆零部件损伤的主要原因等内容。

任务目标

1. 了解城市轨道交通车辆零部件的损伤与故障基本内容。
2. 了解城市轨道交通车辆零部件的损伤与失效形式。
3. 掌握城市轨道交通车辆零部件损伤引起的故障类型。
4. 熟悉引起城市轨道交通车辆零部件损伤的主要原因。

一、车辆零部件的损伤与故障概述(相关资源见二维码1)

二维码1

车辆在日常运营中担负着成千上万乘客的运送任务。在运输过程中,车辆除了消耗电能量外,还会对自身造成消耗,从而产生损伤。除了由自然消耗产生损伤外,还可能由于车辆及零件的设计、材料、工艺及装配等各种原因引起损伤。损伤由小变大,最后车辆零部件丧失规定的功能而无法继续工作,即失效。对可修复的产品,通常也称故障。产品可以是零件、运动副、部件、整个机器或系统。故障包括产品功能的完全丧失和性能下降到可接受限度之外的情况。

当车辆的关键零部件失效时,就意味着车辆处于故障状态,将会对运营安全造成极大的危害。车辆维修的目的就是通过不断地修复和更换已经受到损伤的零部件,避免关键零部件失效,恢复其应有的原始技术状态,以保证城市轨道交通安全、正常地运营。

车辆在使用过程中由于摩擦、外力、应力及化学反应的作用,零部件总会逐渐磨损、腐蚀或断裂,从而产生故障。加强设备保养维修,及时掌握零部件磨损情况,在零件进入剧烈磨损阶段前进行修理更换,就可防止经济损失。

车辆是以一定速度不断运行的机械,运行中产生磨损的零部件很多。例如,车轮踏面及轮缘、轴承滚动内外圈、车门及驱动装置、车钩及缓冲器零件以及各种销及销孔等。这些零部件在列车运行中,都会因为磨损而逐渐导致其尺寸和形状改变。当达到一定能度后,这些零部件就不能继续使用,必须进行修理或更换,在车辆的日常维修工作中,磨损的零部件是最主要的修理对象。

二、车辆零部件的损伤与失效形式

在车辆使用过程中,其零部件损伤与失效形式多种多样,但磨损、疲劳、变形、断裂、腐蚀、老化的损伤是机械性损伤与失效的主要形式,而击穿、断路和短路是电气性损伤与失效的主要形式。下面主要介绍机械性损伤与失效的主要形式。

1. 车辆零部件的磨损(相关资源见二维码2)

运动副中,摩擦表面物质不断损失的现象称为磨损。零件抗磨损的能力称为耐磨性。只要这个零件与另外一个零件之间有接触,并且有相对运动,就不可避免地产生磨损,而磨损会逐渐改变零件尺寸和摩擦表面形状,因此应采取措施尽量减小磨损。

二维码2

磨损量与时间的关系曲线称为磨损过程曲线,如图1-1a)所示。典型的磨损过程曲线通常由三种不同的磨损变化阶段组成:Ⅰ为跑合阶段,Ⅱ为稳定磨损阶段,Ⅲ为剧烈磨损阶段。磨损率与时间的关系曲线称为磨损特性曲线,一般为典型的浴盆曲线,如图1-1b)所示。

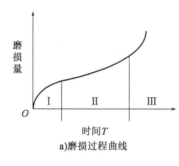 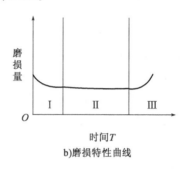

a)磨损过程曲线　　　　b)磨损特性曲线

图1-1　磨损过程曲线和磨损特性曲线

通常将机械零件的磨损分为黏着磨损、磨料磨损、疲劳磨损、腐蚀磨损和微动磨损五种类型。

加工后的零件表面总有一定的粗糙度。摩擦表面受载时,实际上只有部分峰顶接触,接触处压强很高,能使材料产生塑性流动。若接触处发生黏着,滑动时会使接触表面材料由一个表面转移到另一个表面,即材料转移(指接触表面擦伤和撕脱,严重时摩擦表面能相互咬死),这种现象称为黏着磨损。在金属零件的磨损中,黏着磨损是剧烈的,常常会导致摩擦副灾难性破坏,应加以避免。预防黏着磨损的方法和途径主要有正确选材、合理润滑、表面处理。

磨料磨损是指当摩擦副的接触表面之间存在硬质颗粒,或者当摩擦副材料方的硬度比另一方的硬度大得多时,所产生的一种类似于金属切削过程的磨损。它是机械磨损的一种,特征是在接触面上有明显的切削痕迹。在各类磨损中,磨料磨损约占50%,是十分常见且危险性最严重的磨损,其磨损率和磨损强度都很大,致使机械设备的使用寿命大大降低,能源和材料大量消耗。磨料磨损主要采用的预防措施有选用硬度高的材料、控制磨粒、进行材料表面处理、合理润滑等。

在滚动或兼有滑动和滚动的高副中,如凸轮、齿轮等,受载时材料表层有很大的接触应力;当荷载重复作用时,常会出现其表层金属呈小片状剥落而在零件表面形成小坑,这种现象称为疲劳磨损或疲劳点体。预防疲劳磨损的方法有:合理选用材料,零件表面尽量充清、减小表面残余内应力,采用合适黏度的润滑剂等。

在摩擦过程中,金属同时与周围介质发生化学或电化学反应而产生物资损失,这一过程称为腐蚀磨损。

两接触表面由于受相对低振幅震荡运动而产生的磨损称为微动磨损。

2.车辆零部件的变形

机械零件在使用过程中,承载或内部应力的作用使零件的尺寸和形状改变的现象称为变形。变形是零件失效的一个重要原因,如各种传动轴的弯曲变形、车体底架主梁在变形下的挠曲或扭曲、弹簧的变形等。

根据外力去除后变形能否恢复,可将变形分为弹性变形和塑性变形两大类。

1) 弹性变形

材料在外力作用下产生变形,当外力去除后,材料变形即可消失并能完全恢复原来形状的性质称为弹性,这种可恢复的变形称为弹性变形。

弹性变形的重要特征是可逆性,即受力作用后产生变形,卸除荷载后变形消失。

2) 塑性变形

物体在外力的作用下产生变形,当施加的外力撤除或消失后,该物体不能恢复原状的变形,称为塑性变形。从宏观形貌特征上看,塑性变形主要有翘曲变形、体积变形、时效变形。

塑性变形导致机械零部件各部分尺寸和外形的变化,将引起一系列不良后果。例如,车门框架和门叶的变形会导致车门无法开启与关闭。零件的局部塑性变形虽然不像零件的整体变形那样引起明显失效,但也是引起零件塑性变形的重要形式。

3. 车辆零部件的断裂(相关资源见二维码3)

二维码3

车辆零部件的断裂是指零部件在机械力、温度、磁场感应和腐蚀等单独作用或共同作用下,其本身连续性遭到破坏,发生局部开裂或分裂成几部分的现象。与磨损和变形相比,断裂失效的机会较少,但是其危害性很大,一旦发生,会产生严重的后果,因此是最危险的失效形式。

机械零件的断裂一般分为延性断裂、脆性断裂、疲劳断裂、环境断裂四种形式。

车轴是车辆转向架的重要零部件之一,它不仅承载全部车上质量,而且承受着来自轮轨的冲击,受力十分复杂,车辆的热轴事故和车轴冷切事故都表明车轴发生断裂,因此热轴、切轴是危及城市轨道交通运输安全的大事故因素,轻则脱轨,重则列车颠覆。

4. 车辆零部件的腐蚀和老化

金属零件的腐蚀是指表面材料与外部介质起化学反应或电化学反应而发生的表面破坏现象,按腐蚀的机理不同可分为化学腐蚀和电化学腐蚀。

零件材料的性能随着使用时间的增长而逐渐衰退的现象,称为老化。零件老化多发生在橡胶和塑料等非金属材料上。

5. 车辆电气元件的损伤(相关资源见二维码4)

二维码4

车辆电气元件一般分为有触点器件和无触点器件两大部分。有触点器件的损伤主要集中在触点上,如触头的磨损等。对于交流传动车辆,由于无触点器件的大量使用,车辆电气系统的损伤主要集中在变流元件损坏和控制系统电子线路板故障上。

三、车辆零部损伤引起的故障类型(相关资源见二维码5)

因车辆零部件损伤而引起的故障按照不同的分类标准可有不同的类型。

1. 按照故障发生的时机分类

按照故障发生的时机不同分类,故障可分为渐发性故障和突发性故障。渐发性故障是由于各种设备初始参数劣化和老化过程发展而产生的。这类故障与材料的磨损腐蚀疲劳及蠕变等过程密切相关,与设备使用时间有关。突发性故障是各种不利因素及偶然的外界影响共同作用的结果,这种作用超过了设备所能承受的限度,如因润滑油中断而使零件产生的热变形裂纹。这类故障往往与设备使用时间无关。

二维码5

2. 按照故障的后果分类

按照故障的后果不同分类,故障可分为功能故障和参数故障。功能故障使设备不能继续完成自己的功能,而参数故障使设备参数(特性)超出允许的极限值。与功能故障相比,参数故障不妨碍设备的继续运转,但按照技术标准来衡量,这些设备都是无工作能力或工作能力不佳的。例如,机器加工精度的破坏属于参数故障,电动机烧坏使机器不能运转则属于功能故障。

3. 按照设备的损伤程度分类

按照设备的损伤程度不同分类,故障可分为潜在故障和已发生故障。从设备的损伤程度和使用时间可以判断潜在故障发生的可能性。设备维护保养的目的就是防止潜在故障发展为已发生故障。

4. 按照故障的影响程度分类

按照故障的影响程度不同分类,故障分为允许故障和不允许故障。允许故障一般与导致设备输出参数逐步老化的过程密切相关。允许故障包括各种因素(使用技术条件所允许的)在最不利组合时引起的突发性故障。有时为了减少、缩小和简化设备结构,设计上允许一定的故障发生概率,这种故障是不应引起严重后果的。不允许故障与违反产品的制造和装配条件、违反操作使用制度和维修规章、技术条件或参数中未考虑到的潜在原因等情况有关。

5. 按照故障存在时间分类(相关资源见二维码6)

按照故障存在时间不同分类,故障可分为永久性故障和间歇性故障。永久性故障是指一旦发现就长期存在的故障。无论何时进行检测均可发现此类故障。间歇性故障是指某种特定条件下才出现或随机性的、存在时间短暂的故障。由于难以把握其出现的规律和时机,这种故障不易被检测。

二维码6

6. 按同时出现故障的数量分类

按照同时出现故障的数量不同分类,故障可分为单故障和多故障。若某时刻仅有一个故障发生,称为单故障;若同时可能发生若干故障,称为多故障。

7. 按运营过程中发生的故障分类

评定产品运营可靠性时应考虑运营故障的影响。不同的城市轨道交通项目运营故障分类有所不同,但通常会分为以下三类。

(1)机械故障。机械故障又分为转向架异响、轮对踏面擦伤等。

(2)电气故障。电气故障又分为高压电路故障(过载、主熔断器爆开、受流装置接地、牵引电机烧损等)和低压控制电路故障(控制回路接地、控制回路开关按钮故障、传感器故障、继电器故障、总线传输故障)等。

(3)风路故障。风路故障分为风管路泄漏、空气簧泄漏和总风缸泄漏等。

四、引起车辆零部件损伤的主要原因

引起车辆零部件损伤的原因是多方面的,归纳起来主要有以下几点。

1. 设计不合理

设计不合理主要包括结构缺陷、印刷线路、配电线路布局不合理,电子元器件参数选择不当,线路可靠性差,零件、材料配合、润滑方式选择不当,应力过高、应力集中,对使用条件和工作环境考虑不周,等等。

2. 制造、安装、使用中的缺陷

制造、安装、使用中的缺陷主要包括以下两个方面。

(1)电气布线、焊接、绝缘隔离及印刷线路达不到工艺要求。

(2)机器切削、压力加工、热处理、焊接、电镀、装配、安装、调试、使用、维护保养、维修、技术改造中产生的缺陷。

3. 原材料缺陷

原材料缺陷主要包括以下三个方面。

(1)电器材料的电阻、电容、导电性能、绝缘性能等指标缺陷。

(2)金属材料不符合技术要求。

(3)铸件、锻件、轧制件缺陷及热处理缺陷等。

4. 使用不当

使用不当主要包括以下三个方面。

(1)超出规定的使用条件或环境发生变化,造成电压过高、电流过大。

(2)机械设备的过载、过热、腐蚀磨损、泄漏以及操作失误。

(3)维护不当、管理混乱等。

5. 自然耗损

自然损耗主要包括电子、电气元器件的老化,电参数的改变,绝缘层的破裂,机械磨损、疲劳、腐蚀、老化、蠕变,等等。

有些损伤是由单一原因造成的,有些则是多种因素综合引起的;有的是一种原因起主导作用,而其他因素起媒介作用;有的是联锁诱发的因素引起,形成一连串的反应。

任务二　车辆检修制度

教学导航

城市轨道交通车辆检修是城市轨道交通运营工作的重要组成部分,科学、合理地进行城市轨道交通车辆检修可以为城市轨道交通运输提供可靠、稳定、安全等基本保障。

如何确定车辆检修的时机呢？过早维修会影响了车辆的正常运营能力,太迟维修则会导致零件的永久损伤。为此,必须根据零部件的损伤规律,结合其使用寿命及时地进行检修。这种检修是"防患于未然"的,具有鲜明的预防性,它是在零部件损伤达到一定限度时进行的,起到预防城市轨道交通车辆及零部件发生事故损坏的作用,这种修理制度称为城市轨道交通车辆检修制度。

城市轨道交通车辆的运用特点决定了必须强化其维护保养工作,所以我国各城市都制定了相应的城市轨道交通检修制度。

任务目标

1. 熟悉城市轨道交通车辆的检修模式。
2. 掌握城市轨道交通车辆的检修修程。
3. 了解城市轨道交通车辆的检修工艺。

一、城市轨道交通车辆的检修模式

车辆维修是指保持和恢复车辆完成运营规定功能的能力而采取的技术活动,包括维护保养和检查、修理。维护保养是通过润滑、清洁等方式保持车辆的技术状态,使其在一定的时间内不发生失效故障;检查是通过直接的感官或仪表测试判断车辆系统部件的技术状态是否符合规定的技术要求;修理是指车辆系统或零部件的技术状态劣化到某一临界值或者已经发生故障时,为恢复其功能而采取的技术活动。

纵观维修历史,出现过多种维修模式,一般来说可概括为事后维修、预防维修和改善维修三种。近几年,随着科学技术的发展,维修管理不是只研究分析维修阶段的费用,它首先是将设备寿命周期内的总费用,即寿命周期费用,保持在最经济的状态。其次是把技术、财务、管理等诸方面的因素综合起来,进行综合研究分析和全面管理。

在车辆的全寿命周期中,检修成本占据了较高比重。车辆检修制度是车辆可靠运行的基本保障和重要保障,也是确定车辆检修体制,保证车辆检修工作顺利进行的基础。车辆检修制度对车辆修程、检修等级、实施检修的车辆运营千米数或运营时间、修竣车辆的停运时间均作出了具体规定。(相关资源见二维码7)

车辆定期预防性维修的依据是车辆零部件产生磨损与发生故障的规

二维码7

律。车辆零部件产生磨损和发生故障的规律与车辆的技术标准运营条件、检修技术密切相关。

车辆设计和生产的模块化、集成化程度,车辆设备及零部件良好的互换性,部件互换修理方式的采用,使车辆零部件的少维修、免维修得以实现,也延长了它们的维修周期。

计算机控制和故障诊断技术的应用及对车辆一些部件进行在线自动测试技术的应用,又促进了一些部件的检修向着状态修的目标发展。

通过对车辆零部件磨损,车辆设备、部件的故障记录、统计、分析,在总结车辆检修实践经验的基础上,对车辆的修程、检修周期、停运时间进行优化,改革现有检修制度,创新车辆修程,使车辆检修向均衡计划维修方式过渡。

二、城市轨道交通车辆的检修修程(相关资源见二维码8)

二维码8

国内城市轨道交通车辆检修制度基本沿用了传统铁路车辆的检修经验,虽然车辆检修采用了新技术,检修周期也不断延长,但车辆检修制度仍然是参照车辆运营千米数和运营时间来制定的。根据目的的不同,检修制度一般分为预防性维修和故障性维修两大类。

1. 预防性维修

1)预防性维修规程制定的依据

预防性维修是在故障率没有超过事先确定的指标之前,为了限制故障的产生而对设备采取的维修措施。预防性维修规程制定的依据主要有以下几点。

(1)车辆运行时间。

(2)车辆走行千米数。

(3)车辆制造者所提供的基础信息及建议。

(4)设备当时的运行情况。如果系统的可靠性比较高,那么维修周期可以相对延长,维修的内容增加;反之,则要相对缩短维修周期。

(5)系统运行的可靠性或故障率要求。

2)预防性维修的分类

预防性维修具体可以分为以下两种形式。

(1)计划修。计划修是指根据事先制订的计划,当达到一个事先确定的时间或者车辆运行千米数时(以先达到者为准),对相关设备进行的检查和处理。对故障发生与工作时间有密切关系且无法监控的零部件,可以采用计划修方式。各种车型的计划修要求内容不大相同,以广州地铁2号线A型车辆为例进行介绍。

该车辆计划修主要包括日检、双周检、三月检、年检、架修、大修等修程,其中日检、双周检称为日常检修,三月检、年检、架修、大修称为定期检修。车辆计划修的相关指标见表1-1。

车辆计划修的相关指标　　　　　　　　表1-1

修 程	检 修 周 期		修理时间	维修地点
	里程(km)	时间		
日检	—	1天	1.5h	各线车辆段或停车场
双周检	0.4×10^4	2周	3~4h	各线车辆段或停车场

续上表

修 程	检修周期		修理时间	维修地点
	里程(km)	时间		
三月检	3×10^4	3个月	3天	各线车辆段或停车场
年检	12×10^4	1年	5天	车辆段
架修	60×10^4	约5年	约30天	维修基地
大修	120×10^4	约10年	约40天	综合检修基地

根据列车的实际运行情况,综合考虑维修停时,提高车辆利用率,车辆维修人员可合理编制相关修程的内容,各修程具体内容如下。

①日检。日检包括对与列车行车安全相关的部件进行外观检查和车辆有电功能检查。这种检查一般是在列车运营结束回车库后进行。

②双周检。双周检包括对车辆走行部进行检查;对主逆变器相关接触器进行检查和清洁;对受电弓、空调系统进行检查,并更换空调滤网等。为了提高车辆利用率,双周检可安排在运营早晚高峰之间的时间段进行。

③三月检。三月检包括对车辆主要部件及系统进行清洁和功能检查,特别是车门、车钩的清洁和润滑等。

④年检。年检包括对车辆的各系统进行状态检查、检测和功能调整;对各部件进行全面检查、清洁和润滑,对部分部件如空调机组、继电器进行清洁、测试和修理,以及对列车的全面调试。为了减少维修停时和保证周末正线用车,年检可合理安排在5天内完成。

⑤架修。架修的目的是全面恢复车辆性能。架修包括对转向架、轮对、通道、车钩、制动装置、牵引电动机、牵引道变器、辅助逆变器、蓄电池等主要部件解体后进行全面和仔细的检修,转向架及轮对还需探伤;更换一些密封橡胶件、磨耗件、一次性使用件和工作寿命到期的零部件;最后对车辆各系统进行全面检测、调试及试验。为了缩短车辆架修的停时,提高车辆利用率,架修尽可能采用部件互换的修理方式,即从车辆上拆下待修部件整件,用地面上预先修理好的备件装车,使整车能在较短时间内完成修程并重新投入运营,专业班组再对拆下的系统部件进行分解维修,作为下一列车架修的更换备件。

⑥大修。大修的目的是全面恢复车辆的尺寸和性能,是实现车辆设计寿命周期内保持车辆表现稳定的重要维修形式。在架修的基础上,需要通过大修对整列车进行分解、检查和修复,进行全面清洗(包括部件、空气管道等),压力密封检测,车体重新油漆等;进行结合技术改造和对部分系统进行全面升级或更换;对车辆各系统进行全面检测、调试和试验。此类维修需在综合维修基地进行。

除以上修程外,对一些进行过特殊检修(如镟轮)的列车,更换过轮对和转向架或进行过试验的列车,还可按照特殊检修的要求安排特殊的检查,主要是对列车走行部等进行外观检查,以保证列车安全运行。此外,节假日到来前,还可安排对列车的一些重要零部件,如车底紧固件、车门、牵引/制动回路继电器等进行普查,以保证假日期间列车性能稳定。

各城市轨道交通运营公司可根据所选的不同车型和车辆利用率的不同要求,灵活制定各种修程。另外,有些城市轨道交通运营公司还采用均衡修的方式,即将架修、大修内容分解到年检各修程中去,以减少列车的停时,提高车辆利用率。

(2)状态修。状态修是指在对设备进行检测的基础上,一旦某一参数超过了事先确定的限定警戒值,则需要介入维修,并根据参数的变化趋势及情况对设备进行的检修。对故障发生能以参数或标准进行状态检查的零部件,也可以采用状态修的方式。

从一定程度上来说,状态修是对计划修的一种探索和尝试,当对状态修达到一定程度的积累之后,经过总结归纳,可将其列为计划修的一部分,以此循序渐进,优化维护检修体系。一个好的维护检修模式既能保持和修复列车的工作能力和状态,又能使总费用减至最少。实施灵活的计划修和状态修相结合的方式能有效克服状态修带来的维修不足,减少计划修引起的过剩维修,保证车辆的维修质量,同时减少车辆维修停时,从而提高车辆利用率。

2. 故障性维修

故障性维修是在某个部件出现故障之后所采取的维修方式,即人们所说的临修(临时维修)。故障性维修的工作负荷一般是无法预计和评价的,总是由使用者(运营者)发现故障之后进行报告,维修就此展开。故障性维修既可以是彻底的维修,也可以是临时性的维修,设备在临时维修之后仍然可以投入运营,并等待彻底维修。在这些不同的维修程序结束之后,可以认为设备恢复了可使用状态,可以投入正常的运营。在故障性维修中,目前一般通过换件来快速处理故障。对不危及安全的故障,且通过连续监控可以在故障发生后进行维修的零部件,或者发生事故后的修理,可以采用故障性维修。这种维修一般是在各线车辆段或停车场进行。

3. 两类车辆检修制度的比较

两类车辆检修制度的主要优缺点和适用范围见表1-2。

两类车辆检修制度的主要优缺点和适用范围　　　　表1-2

检修制度		优 点	缺 点	适 用 范 围
预防性维修	计划修	管理相对简单,计划性强,能保证车辆运行的良好状态,能确保运营要求	维修成本极高,一时难以掌握维修周期与深度的合理性	无备份且运营要求非常严格的系统
	状态修	针对性强,故障设备维修周期短;设备故障消除在发生之前,能确保运营要求,维修成本低	检测工作量大,要求的检测装备和水平最高,技术管理难度最大;检测周期和深度难以确定	具有自动检测功能的与运营安全密切关联的系统设备
故障性维修		平时维护工作量最少,维修成本最低	要考虑备用设备,故初期投资较大,维修周期较长	与行车无直接联系,设备运行稳定且已考虑了足够备份的系统设备

对已运营稳定的线路,从人力成本及设备类型而言,最佳的维修方式推荐状态修,其自动化程度高,维修成本最低,设备性能保持最好。对于一些目前条件还达不到状态修的运营单位,可先采取计划修的形式,对具有自动检测功能的系统要积累数据及经验,向状态修过渡。目前大多数国内轨道交通单位采用计划修的方式。

4. 其他检修制度

在上述检修制度的保证下,还需要设计车辆维修信息管理系统,对维修计划走行里程、备件管理故障信息等建立数据库并进行信息管理。根据实际情况,可以配置一些专业化的检测设备,进行定期诊断,为车辆检修提供可靠的检修信息。例如,可以配备车辆在线检测系统,对车辆轮对踏面情况、受电弓运行情况等进行动态检测,这样能对轴承轮对踏面、传动齿轮和受电弓的早期故障进行在线监测与预警,避免走行部和受电弓带故障运行。

另外,还可建立计算机网络化的城市轨道交通列车诊断系统,设计的最小可诊断单元应是最小可更换单元,可以了解每个在线修可更换单元、二级可更换单元或部件的状态,以便查出故障部位。车载无线设备可实时传送车辆状态信息到地面,为车辆状态修提供依据。

三、城市轨道交通车辆的检修工艺(相关资源见二维码9)

车辆在使用过程中,其机械部件会逐渐产生磨损、变形、蚀损,甚至断裂;其电气部件会发生断线、接地烧损、绝缘老化或破损。车辆检修中心的任务是发现和处理各种零件的损伤。在确定维修制度后,要正确对车辆进行修理,必须编制合适的、完整的检修工艺文件,规定在各级修程中修什么、怎么修、修到什么状态。为此,必须了解车辆零件损伤规律,以确定修理部件、检修限度、检修工艺方法、检修技术要求等。

二维码9

1. 检修工艺概述

1)检修的基本技术标准(相关资源见二维码10)

检修的基本技术标准主要规定车辆检修的基本技术要求、检修限度、各修程的备件互换范围等,是制定其他检修工艺文件的基础。

二维码10

2)检修工艺规程(相关资源见二维码11)

车辆检修工艺规程可按修程编制,如日检规程、双周检规程、三月检规程、年检规程、架修规程、大修规程等;也可以按零部件编制,形式上可用表格式、流程图式、文字描述方式;还可以将检修工艺与检修范围分开编制,检修工艺分车上检修(检查)工艺和车下部件检修工艺,而检修范围则规定每个修程哪些部件需要进行检修或维修,这样编制的优点是便于维修者记忆及对工艺等技术文件的管理。

二维码11

检修工艺规程内容包括检修部件名称,检查或检修项目的顺序方法,使用的工具、材料、检修作业内容、检修技术要求和其他注意事项。

3)操作工艺文件

操作工艺文件是具体指导工人进行生产的工艺文件,对于关键作业工序的内容应单独制定操作工艺文件,如车体高度调整规则、车轮镟削标准等。

4)工艺措施文件

工艺措施文件是针对车辆修理中某项具体问题或解决运行中出现的某种故障而制定的检查和检修措施,它是对工艺规程的一种补充,如《解决车辆轴箱轴承过热烧损的技术措施》。这类文件应分析故障或问题根源,提出解决问题的具体工艺措施。

5）检修工艺文件

检修工艺文件是指导车辆维修的主要技术文件，是生产组织、技术管理、质量管理的基本依据。检修人员必须熟悉自己所从事作业的工艺，并在检修生产中严格按照工艺要求进行检修作业，使各检修过程规范化、标准化，确保检修作业质量。对专用工具、量具、设备，要定期校验检修，使其经常保持良好状态。技术部门要定期检查和分析工艺执行情况。

2. 车辆修理工艺过程

1）车辆修理工艺过程概述

车辆的日检、月检、季检和年检等修程均以定期检查为主，架修和大修一般在检修工厂或车辆段内进行。自待修车辆送至修理场地起，直到车辆修理竣工后的全部过程，称为车辆大修或架修的生产过程，通常包括以下几部分。

（1）送修或接修待修列车。
（2）修理开工前的准备工作，包括清扫、外观检查和检修作业计划制订。
（3）将列车分解成车辆，再将车辆分解为零部件。
（4）进行零部件的清洗、检查，并确定修理范围。
（5）进行零件修理或部件组装。
（6）进行车辆组装及刷油漆。
（7）修竣车辆的技术鉴定和交接。

在上述生产过程中，从第（3）项到第（6）项的各种作业过程的总和，为车辆修理的工艺过程。

2）车辆修理工艺过程的类型

根据车辆的设计特点和车辆零部件修理作业方式的不同，以及车辆修理条件和环境的不同，目前车辆修理的工艺过程基本上分为现车修理和互换制修理两种类型。

（1）车辆的现车修理工艺过程。车辆的现车修理工艺过程（见图1-2）是指从待修车上拆卸下的零部件经过修理消除其缺陷后，重新装回原车的修理方式。

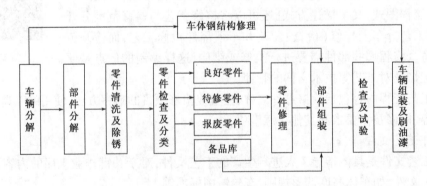

图1-2 车辆现车修理工艺过程

现车修理作业方式不需要储备过多的备用零件，但常因零部件的修理时间长而导致车辆总的修理时间加长，并且因各零部件的在修时间不同，简单易修的零件往往要等待复杂难修的零件修竣后才能组装。如果采取抢修等措施缩短停修时间，又可能导致零部件的修理质量得不到可靠保证。因此,这种方式主要用于修理更换零部件不多的新车或修理工作量不大的车辆。

(2)车辆的互换制修理工艺过程。目前,车辆检修普遍采用互换制修理。该工艺过程是指从待修车辆分解下来的各种零部件修竣后可装于同类型车型的任何车上,而不必立即装回原车。这样,除车体结构外的绝大部分零部件均只需按照技术条件进行修理,与该零部件原属于哪辆车无关。车辆互换制修理工艺过程如图1-3所示。

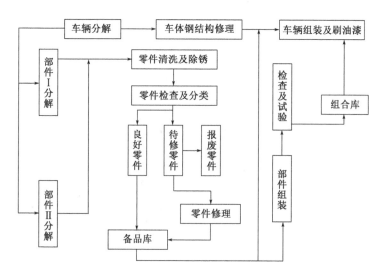

图1-3 车辆互换制修理工艺过程

实行互换制修理的工艺过程,零部件需要一定的储备周转量,车辆在修的生产周期决定于车辆分解、车体结构修理以及车体组装及油漆作业的延续时间,而不受其他零部件修理时间的影响。因此,互换制修理的最大优点是能最大限度地缩短车辆停修时间,但是要求有大量的备用零件和一定数量的互换零件。目前,轮对、轴箱装置、制动装置、车钩缓冲器装置、空调装置及部分车体配件、车内设备等均实行互换制修理。

【课后习题】

一、填空题

1. 车辆维修是指保持和恢复车辆完成运营规定功能的能力而采取的技术活动,包括_____和_____、_____。

2. 根据目的的不同,检修制度一般分为_____和_____两大类。

3. 计划修是指根据事先制订的计划,当达到一个事先确定的_____或者_____,对相关设备进行的检查和处理。

4. _____是指在对设备进行检测的基础上,一旦某一参数超过了事先确定的限定警戒值,则需要介入维修,并根据参数的变化趋势及情况对设备进行的检修。

5. _____是在某个部件出现故障之后所采取的维修方式,即人们所说的临修(临时维修)。

6. 检修的基本技术标准主要规定车辆检修的_____、_____、_____等,是制定其他工艺文件的基础。

二、简答题

1. 预防性维修规程制定的依据主要有哪些?
2. 请简述日检、双周检、三月检、年检、架修、大修的具体内容。
3. 车辆修理工艺过程的类型有哪些?
4. 车辆大修或架修的生产过程通常包括哪些部分?

项目二　车辆检修基地

项目描述

城市轨道交通车辆检修基地是车辆停放、检查、维修、保养和检修的专门场所,是保证车辆良好的技术状态和城市轨道交通正常运营的重要基础设施。检修基地承担着所属线路的车辆停放、清洁、列检工作,所在线路车辆的定修(年检)及以下车辆检查、维修和临修工作,所属线路和由多条联络线互相沟通的线路的车辆架修、大修工作,车辆部件的检测、修理工作,保障线路各系统正常运营。因此,车辆检修人员需对车辆检修基地的基本功能、分类、特点等有基本的了解,方能在上岗作业后快速熟悉基地的各项功能、设备特点等。

本项目主要对城市轨道交通车辆检修基地进行基础性介绍,通过本项目的学习可以了解当前城市轨道交通车辆检修基地的基本功能、分类,各车间用途等基础知识。

知识技能点

1. 城市轨道交通车辆检修基地的分类及功能。
2. 城市轨道交通车辆检修基地的主要线路。
3. 城市轨道交通车辆检修库房、车间的用途及特点。
4. 城市轨道交通车辆检修基地主要设备的功能、特点及工作原理。

建议课时

6学时(任务一3学时,任务二3学时)

任务一　检修基地的基础设施

每条城市轨道交通线路按其线路长度和配属车辆的多少设置停车场或者根据需要增加设置辅助停车场,辅助停车场一般只设置停车设施,仅承担车辆的停放、清洁工作。停车场配备车辆运用、整备和日常维修及配套设施,主要有停车列检库、调车机库、临修库和车辆自动洗车库及出入段线、试车线、洗车线、各种车库线、牵出线、存车线等。通过本任务的学习能充分了解车辆检修基地的基础设施情况。

任务目标

1. 了解城市轨道交通车辆检修基地的主要功能和类型。
2. 熟悉城市轨道交通车辆检修基地的主要线路。
3. 熟悉城市轨道交通车辆检修基地库房及车间的主要功能等。

一、检修基地的分类及功能(相关资源见二维码12)

二维码12

车辆的各级检修工作必须在专门的车辆检修基地进行,列车退出运营后也要进入检修基地进行清扫、洗刷消毒等工作。因此,检修基地是车辆停放、检查、维修、保养和检修的专门场所,是保证车辆良好的技术状态和城市轨道交通正常运营的重要基础。

车辆检修基地以车辆检修、运营为主,但考虑到城市轨道交通系统管理的需要,方便组织车辆各专业的检修工作,将工务、通信、信号、机电设备等专业的维修与车辆检修基地一并考虑,有利于协调各专业的衔接关系,对各专业检修工作进行有效的协调管理,可以合理规划、统一使用场地和设备,同时也有利于实现计算机网络和现代化管理。

车辆检修基地根据功能和规模的大小可分为停车场、车辆段和车辆修理厂。

1. 停车场

停车场是车辆停放的场所,承担车辆的停放、洗刷、清扫及车辆日常检查和乘务工作。每条地铁线路按其线路长度和配属车辆的多少设置停车场或根据需要增设辅助停车场。辅助停车场一般只设置停车设施,仅承担车辆的停放、清洁工作。

停车场配备车辆运用、整备和日常检查维修的设施,主要有停车列检库、调机库、临修库、不落轮镟修库、车辆自动洗刷库及出入段线、试车线、洗车线、车库线、牵出线、存车线、走行线等各种辅助线路;主要设备有轨道车(内燃机)、自动洗车机、不落轮镟床、车辆救援设备以及为车辆重大临修服务的架车机、起重机等。

图 2-1 上海地铁殷行路停车场

上海地铁殷行路停车场如图 2-1 所示。

2. 车辆段(相关资源见二维码13)

二维码13

车辆段主要具有以下功能。

(1)承担所属线路的车辆停放、清洁和列检工作。

(2)承担所在线路车辆的定修(年检)及以下车辆检查、维修和临修工作。

(3)承担所属线路和由多条联络线互相沟通的线路的车辆架修、大修工作。

（4）承担车辆部件的检测、修理工作。

车辆段要在停车场的基础上增加车辆架修、大修的设施设备。车辆主要检修方式采用部件互换修,同时车辆段要具备车辆零部件的检修能力。

车辆段的车辆检修设施主要有架修库、大修库、静调库和部件检修间,一般还设有油漆间、熔焊间、加工间和必要的辅助间等。车辆架修、大修的主要设备有架车机、公铁两用牵引机、移车台或车体吊装设备、车辆油漆设备、列车静态调试和动态调试设备及转向架、车钩、电动机等各种部件的试验和修理设备。承担列车转向任务的车辆段还应设置列车的回转线。

车辆段内无物资总库时,还要设置材料库,并配备必要的运输和起重设备。

车辆段划分为检修区和运营区,所有的检修工作都集中在检修区进行,车辆的停放、列检、乘务工作均在运营区执行。

车辆段还兼有综合检修基地的功能,是保障线路各系统正常运行的基地和管理部门。综合检修基地主要有检修车间、材料总库、特种车辆库、办公楼等设施。

沈阳地铁车辆段如图 2-2 所示。

图 2-2　沈阳地铁车辆段

3．车辆修理厂

车辆修理厂是对车辆进行修理的专门场所,此处不细述。

二、检修基地的主要线路（相关资源见二维码 14）

检修基地的主要线路有停车线、出入段线、牵出线、静态调试线、试车线、洗车线、检修线、临修线等。

二维码 14

1．停车线（相关资源见二维码 15）

停车线应为平直线路,一般设停车库。停车线用于停放车辆的同时兼作检修线,有尽端式和贯通式两种。其中,贯通式便于列车的灵活调度,因此应尽可能采用贯通式。

2．出入段线

出入段线为供车辆出、入停车场或车辆段的线路,一般设置为双线,

二维码 15

并避免切割正线,根据行车和信号要求留有必要的段(场)线路与运营正线的转换长度。

3. 牵出线

牵出线(见图2-3)适用于段(场)内调车,牵出线的长度和数量根据列车的编组长度、调车作业的方式和工作量确定。

4. 静态调试线

静态调试线设在静态调试库内,列车检修完毕在到试车线试车之前,要在静态调试库内对列车进行静态调试。检查各部分的技术状态,对电气设备和控制回路的逻辑动作及整定值进行测试和调整。静态调试线应全长设置地沟,在地沟

图 2-3　北京地铁牵出线

内设置照明光带。静态调试线为平直线路,同时设置车间牵引电力电源和有关测试设备。

车辆段在车辆检修后要进行车辆的尺寸检查,其中要对车辆的水平度进行检查,需要轨道高差精度等标准较高的线路,车辆段设有静态调试线。

5. 试车线

试车线供定修、架修、大修后的列车在验收前的动态调试,其长度应满足远期列车最高运行速度性能试验、列车编组行车安全距离的要求。试车线一般为平直线路,线路中间要设置不小于一单元列车长度的检查坑,供列车临时检查用;试车线还设置信号的地面装置,可进行列车车载信号装置的试验,试车线旁设置试车工作间,内设信号控制和试车必需的有关设备、设施和仪器,对试车线需采取隔离警示。

二维码16

6. 洗车线(相关资源见二维码16)

洗车线供列车停运时洗刷车辆用,其中部设有洗车库。洗车线一般为贯通式,尽量和车线相近,可以减少列车行走时间,并减少对车场咽喉地区通过能力的压力。洗车库前后设置不小于一列车长度的直线段,以保证列车平顺进出洗车库。

7. 检修线

检修线为平直线路,布置在检修、定修、架修、大修库内。架修、大修线的线间距除要满足架修作业的需要外,还要综合考虑架车机等的检修设备,以及检修平台等的布置、检修移动设备、备件运输车辆移位和检修人员作业需要的空间来确定,检修线中要有一条平直度要求较高的线路,用于精确测量车体地板的高度。

8. 临修线

列车发生临时故障和破损时,要在临修线上完成对车辆的临修工作。临修线的长度应能保证停放列车,并考虑列车解编的需要。

以上是保证列车运行和检修的主要线路,除此之外,检修基地内还要按需设置临时存车线、检修前对列车进行清洗的吹扫线、材料装卸专用线和特种车辆(如轨道车接触网架线试验

车、隧道冲洗车等)停车线、联络线和与铁路连通的地铁专用线等。

这些线路用道岔互相连接,道岔和信号设备连锁,由设置在站场中央的调度室对电气集中控制设备进行操作,排列和开通列车的进路,进行调车和取送车作业。

布置车场线路时,应遵循以下几点要求。

(1)列车停车、检修、试验及其他作业的线路应为平直线路,其他线路的坡度不应大于2‰。由于在车场内是无载客运行,通过对数较少、行车速度较低,最小平面曲线半径可根据岔道的导曲线半径及车辆构造允许的最小曲线半径等因素确定,一般以 $R \geq 150m$ 为宜。

(2)除架修、大修线外,在车场内地铁列车可能到达的地方应设置接触网或接触轨(包括接通至库内)。采用接触轨,应有防护设施;采用接触网,应在线路交界处设置醒目的标志,防止列车误入无接触网区段,造成列车受电弓和接触网的损坏事故。

(3)在线路端部设有车挡。

(4)对各线路接触网应根据实际情况分区(段)供电,设置隔离开关,分别断电和送电,以便于对列车进行各种作业。

(5)除架修、大修线外,其他线路的有效长度至少应保持远期规划列车编组长度与轨道车长度之和,再加上满足司机瞭望和行车安全的距离。

三、检修基地的主要检修库房及车间

1. 停车列检库及其附属车间

停车列检库兼有停车、整备、清扫、日常检查、司机出乘等多种功能,如图 2-4 所示。为实现这些功能,停车列检库除设有停车线外,还设有运用车间、运转值班室、司机待班室等司机出乘用房以及列车及列车车载信号检修用房。停车列检库大都设置自动防灾报警设备,和整个消防系统联系在一起。架空接触网或接触轨应进库,接触轨应加防护装置,每条库线两端和库外线之间及停车台位之间设置隔离开关,可以对每条停车线的接触网或接触轨独立停、送电。

停车列检库中的部分线路设有列检地沟,地沟内应有220V 及 24V/36V 插座。地铁车辆除了由自动洗刷机洗刷和人工辅助洗刷外,还要对列车室内进行每日清扫、洗刷和定期消毒。这些工作在清扫库内进行,清扫库一般毗邻停车列检库,库内应设置上、下水及洗刷平台。

在停车列检库两端应有一段平直硬化地面,作为消防、运输通道,通道应该设置可动防护栏杆,平时封锁,必要时使用。

图 2-4 停车列检库

2. 检修库及其辅助车间

检修库及其辅助车间的平面布置主要取决于车辆的配属量、车辆的修程、检修方式及其工艺流程,同时综合考虑自然地形条件、工件运输线路以及安全、防火和环保要求等因素。

1）双周、双月检库

双周、双月检都要在库内对列车的走行部、车体及车顶设备进行检查。线路采用架空形式，除线路中间设置地沟外，在检修线两侧设有三层立体检修平台。三层立体检修平台如图2-5所示。检修平台的底层地坪低于库内地坪，若以轨面高程为0m，其地坪高程约为-1.0m。可以对走行部及车体下布置的电器箱、制动单元、蓄电池进行检查；中间平台高程为+1.1m左右，可对车体、车门进行检查；车顶平台高程为+3.5m，可对车辆顶部的受电弓、空调设备进行检修，车顶平台设有安全护栏。

图2-5 三层立体检修平台

双周、双月检库设有悬臂吊、液压升降车、电器箱搬运车等运输车辆，对需要进行拆、装作业的受电弓和空调设备进行吊装；还应设置受电弓、空调装置、车载信号、试验设备等辅助工具间，以及备品工具间。

2）定修库

定修库线路采用架空形式，中间设置检修地沟，两侧设置三层检修平台，车库内设2t起重机。

3）架修、大修库

架修、大修库的布置应根据车辆检修工艺流程确定。对车辆设备和零部件的检修方式以互换修为主，一般采用流水作业和定位修相结合的方式。采用部件互换修的方式，可以减少列车的停库时间，并且可以合理地安排计划，做到均衡生产，避免因某一部件检修周期长而影响整车的检修进度。联合检修厂房内设置车辆的待修、修竣部件和备用零部件的存放场地。

架修、大修库内主要设备有地下式架车机、移车台、桥式起重机、公铁两用牵引车、必要的运输工具、工作平台等。

4）辅助检修车间及其设备

车辆分解的各部件检修在辅助检修车间进行。这些辅助检修车间根据列车架修、大修的工艺流程，大部分布置在检修主库的周围，可以使检修工序和流程合理、紧凑、简洁，减少运输路程，提高工作效率。

（1）转向架、轮对车间。转向架、轮对车间如图2-6所示。其通过轨道和转向架转盘、大修库相连接，主要由转向架检修区、轮对检修区和轮对等零部件的存放区组成。

在转向架检修区可对转向架进行分解，分解后的零部件被送到相应检修位置进行检修，恢复其技术状态，然后进行组装。该区主要设备有转向架冲洗机、转向架回转台、试验台、转向架综合试验台、地下式转向架托台及减振器试验台、一系悬挂弹簧试验台等。

图2-6 转向架、轮对车间

轮对检修区主要对轮对及轴箱、轴承进行检修,主要设备有轴承拆装感应加热器、轮对压装机、立式车床、轴颈磨床和轮对车床等大型设备,还有超声波及磁粉探伤设备。由于对轴承的检修工作专业性强,需要大量的设备和占地,并且任务量不大,所以一般都将轴承检修工作委托社会专业单位承担。有条件的地方,也可以将探伤工作委托社会专业单位承担。

为适应互换修方式,转向架、轮对间应有足够的零部件的存放场地及相应的起重设备。

(2)电动机间。电动机间是对车辆牵引电动机、空气压缩机电动机及其他车辆设备(如制动电阻冷却风机等)的动力电动机进行检修的辅助车间,主要设备有牵引电动机试验台及其他电动机试验台。

电动机大修专业性强,检修量少,并且需要绕线浸漆、烘干等设备,一般都委托专业工厂进行。

(3)电器间、电子间。电器间承担对车辆电器组件的检修作业,装备有综合电器试验辅助逆变器试验台、高速开关试验台、主接触器试验台、速度传感器试验台及供电气测试的各种仪器仪表。电子间主要对列车牵引、制动、空调等计算机控制系统的各类电子控制板进行检修工作。由于电子间的检修、测试对象都是精密的电子元件,对环境要求很高,因此要求采取无尘、控制环境温度和湿度等措施。

辅助车间还有车门、制动、车钩、受电弓、空调检修间,相应地配备有车门试验台、制动试验台、阀类试验台、车钩试验台、受电弓试验台、空调试验台及必要的检修设备。

任务二　检修基地的设备及配置原则

教学导航

随着城市轨道交通车辆越来越多地采用新技术,检修设备标准也相应提高。检修设备的性能状态直接影响车辆的检修质量。根据车辆检修设备的配置原则,检修设备有通用设备和专用设备两种。通用设备有起重运输设备、机械加工设备、探伤设备、焊接设备、动力设备和计量化验设备。专用设备有拆装设备、检测试验设备、专用切削设备、清洗设备、足重提升设备、救援设备、非标设备和专用工装等,不同的修程使用的检修设备不同。

任务目标

1. 了解城市轨道交通车辆检修基地的主要设备情况。
2. 熟悉城市轨道交通车辆检修基地的配置原则。

一、车辆检修基地的主要设备(相关资源见二维码17)

据不完全统计,车辆段与综合检修基地列明的工艺设备有400～600项,种类繁多,在此仅介绍几种主要的检修设备。

1. 不落轮镟床

不落轮镟床用于电动列车在整列编组不解体(包括各类轨道车等铁

二维码17

路车辆及单个带轴箱轮对)的情况下对车轮轮缘和踏面的擦伤、剥离磨耗进行修理加工和各种数据的测量,以恢复车轮的形状。

不落轮镟床的最大特点是安装在标准轨面下,为地下式,如图 2-7 所示。需要进行轮对切削修理的车辆不用进行任何分解。直接驶上该机床与地面固定轨相连的活动道轨,就能进行轮对的切削加工。

2. 列车自动清洗机

列车自动清洗机用于对列车车体进行清洗,如图 2-8 所示。通过自动清洗机端部和两侧不同形式的清洗毛刷组,将水和清洗剂喷射在车体上,用清洗毛刷对列车的前后端部、两侧车体、车门、车窗玻璃进行滚刷。清洗方式有清水洗和化学洗两种,均为自动,设备配有水处理循环回用系统、软水系统、牵引系统(选配项目)等。

图 2-7　不落轮镟床

图 2-8　列车自动清洗机

3. 地面式架车机

地面式架车机能同步提升 N 节不解钩的列车单元组,以便对列车车体下部的机械、电气部件进行维修、保养和更换,设备具有使用方便、操作灵活等特点。总操作控制台能控制整套机组的升降,也能设定其提升的组合数量。地面式架车机可分为固定式(见图 2-9)和移动式(见图 2-10)两种。

图 2-9　固定式地面架车机

图 2-10　移动式地面架车机

移动式地面架车机又可分为有轨式和无轨式两种。有轨移动式架车机单台机座下有一套完整的液压装置和移动轮，由液压系统控制移动轮的伸缩，移动轮伸出后，整台机架可在辅助轨上移动，随时定位。定位后，液压系统释压，移动轮复位，不承受任何荷载，由机座承载。无轨移动式架车机则不需要辅助轨，而是靠架车机自身带有的万向轮移动定位。

4. 地下式架车机组

地下式架车机组由两个独立的车体架车机和转向架架车机组成一套架车系统，能同步架起 N 节列车单元，如图 2-11 和图 2-12 所示。地下式架车机组采用地下安装形式，设计巧妙，安全保护装置完整齐全。设备复原时架车机组最高平面与地面轨道处于同一水平面。检修作业中，车体架车机和转向架架车机配合使用，能提升列车，也能轻易落下车辆中任意一个转向架或轮对，并从车下轨道中推出，使用极为方便。

图 2-11　地下式架车机组

图 2-12　柱式检修地沟

总操作控制台能设定架车机组提升的组合数量，4 台架车机（一节车）为 1 组，可分别选定 1 组（一节车）、2 组（两节车）和 3 组（三节车）的同步提升。

地下式架车机组能独立地对车体、转向架进行提升，两套提升机构高度随意控制，并且相互联锁保护。地下式架车机组对列车车体下部的部件、零件的修理更换特别方便，能配合铲车、液压升降台等工具设备，能对车体下的所有部件进行维修，是列车检修工作中不可缺少的重要设备。

5. 公路/铁路两用牵引车

公路/铁路两用牵引车是一种既能在轨道上牵引，又能在平地上运行的两用牵引车，如图 2-13 所示。

公路/铁路两用牵引车前端采用列车自动车钩和牵引连接杆两种联挂装置，能灵活地与铁路车辆和其他车辆进行连接，方便可靠，是一种能满足地铁列车检修作业的理想牵引设备。其结构形式有带驾驶室和不带驾驶室两种，目前国内生产和使用的基本为带驾驶室的蓄电池牵引车。

图 2-13　公路/铁路两用牵引车

6. 室内移车台

室内移车台用来横向一次运送整节地铁列车至检修轨道(台位),如图2-14所示。设备纵向端头各有一块带导轨的活动连接板,通过液压系统的控制与移车台两头的检修轨道(工作台位)相连,活动轨与固定轨呈水平设置,操作人员可以方便地将需移动的车辆牵引进/出移车台。室内移车台两头分设互锁驾驶室,可双向操作。

图2-14 室内移车台

7. 轮对压装机

轮对压装机如图2-15所示。其用于在设定压力下将车轮与车轴装配成轮对(压轮)和将轮对分解成车轮与车轴(退轮)。

轮对压装机的工作原理如下。

图2-15 轮对压装机

(1)将车轴放置在托架,车轮吊在可移动止挡台前。

(2)车轴端对准车轮毂孔,另一端对准压装机的勾贝。

(3)液压系统推出勾贝,勾贝压车轴,使之进入毂孔。

(4)压装时,压装曲线(位移压力曲线)为一条平滑的斜线。

(5)压装到位,压装机停止,检查压装曲线。

(6)检查车轴移动距离和压装的最大压力。

(7)压装第二个轮子时,由光栅内侧距自动定位装置保证内侧距,内侧距达标时自动停止。

8. 转向架检修设备

转向架检修设备主要包括转向架清洗机、转向架升降台及转向架静载试验台等。

1)转向架清洗机

转向架清洗机采用全封闭形式,内部设有封闭的清洗房、喷淋系统、蒸汽加热系统等。

转向架从列车上分解拆下来后,因高油污和积尘需对其进行清洗。转向架由转向架清洗机上的传送机构送入全封闭的清洗房内,启动设备程序后,由清洗喷嘴喷出被加热到20~

800℃的清洗水和漂洗液,对转向架进行自动清洗。移动喷嘴采用移动喷射,布置于上、下、左、右四面的喷嘴排在进行清洗和漂洗时能左右移动,动态清洗,最后将清洗完的转向架送出清洗房。加热系统一般采用蒸汽加热形式,在顶部装有两台离心式冷凝风机,用于排放水蒸气,通风干燥;在底部设有污水处理系统,能对清洗、漂洗后的污水进行处理回用。

2)转向架升降台

转向架升降台用于提升转向架到不同的高度,以便对其进行检修和更换附件,如图2-16所示。

转向架升降台采用变速箱带动提升丝杠机构,安全可靠。通常,该设备安装于转向架检修线上,不工作时位于地下;工作时,提升托架到与地面轨道同一水平面,转向架可方便地推入。转向架由升降台托轮块举托,升降高度由操作员控制。

转向架升降台具有以下特点。

(1)完全同步。两侧提升托架采用同一电动机双头机械连接方式,驱动时绝对同步。

(2)检修空间大。托架提升后,只有4根提升杆暴露,检修空间大,操作无障碍。

(3)安全可靠。机械螺杆传动式提升机构能自锁。托架提升后,原托架处有弹簧钢板填充,保证地面无间隙,不会造成人员伤亡。

(4)电气保护装置齐全。由6组限位开关(工作限位开关、极限限位开关、螺母松动检测开关、螺母磨损检测开关等)形成位置保护,同时还有电动机过流保护和负载过流保护。

3)转向架静载试验台

转向架静载试验台如图2-17所示。它设于转向架轮轴检修区,用于对检修后的转向架进行模拟加载试验、轮重测定,并可以自动测量相关的数据。其还可以根据称重结果及弹簧相关数据自动对一系弹簧进行加垫厚度及位置计算,使转向架的4个车轮及同一轮对的2个车轮荷载的差值在相关标准规定之内。

图2-16 转向架升降台

图2-17 转向架静载试验台

二、城市轨道交通车辆检修设备的配置原则(相关资源见二维码18)

城市轨道交通车辆检修设备的配置应遵循下列基本原则。

1.按基本需求配置

以各段场的功能为依据,配备生产运营的基本设备;满足列车检修等

二维码18

级的需求,分停车场(定修段)、车辆段两种需求配置。

2. 按专业需求配置

根据各段的车型、部件专业检修的特点,配备相应的专用(共享)设备。

3. 按特殊要求配置

设备配置的基本要求是设备具有先进性、专业性,必须安全、可靠、高效。

以运营安全为依据,配备专业性较强的特种设备;对特殊设备(如车辆复位救援设备)应从多线合用、品种齐全、功能完善的角度考虑,对磨轨车等投资大的特殊专业设备,要在多线运行的基础上配置。

【课后习题】

一、填空题

1. _____ 是车辆停放、检查、维修、保养和检修的专门场所,是保证车辆良好的技术状态和城市轨道交通正常运营的重要基础。
2. 停车场是车辆停放的场所,承担车辆的_____、_____、_____及_____和_____工作。
3. 车辆检修基地的主要线路有_____、_____、_____、_____和_____、_____、_____等。
4. 双周、双月检都要在库内对列车的_____、_____及_____进行检查。
5. 城市轨道交通车辆分解的各部件检修在_____进行。
6. 移动式地面架车机又可分为_____和_____两种。
7. 不落轮镟床用于电动列车在整列编组不解体的情况下对车轮_____和_____的擦伤、剥离磨耗进行修理加工和各种数据的测量,以恢复车轮的形状。

二、简答题

1. 车辆段的主要功能有哪些?
2. 布置车场线路时应遵循哪些要求?
3. 车辆检修设备的配置原则是什么?

项目三　车体及内装检修工艺

项目描述

车辆车体是容纳乘客和司机驾驶的部分,是安装和连接其他设备及组件的基础。按照车体所使用的材料可分为碳素钢车体、铝合金车体和不锈钢车体三种。车体结构分为底架承载结构、侧墙和底架共同承载结构与整体承载结构三类。车辆整体承载结构包括底架、端墙、侧墙、车顶、车窗、车门、贯通道和车内设施等部分。车体底架、端墙、侧墙、车顶、驾驶室等部件为焊接固定连接,如需更换,应安排段修或返厂修;如需维修,在维修前应根据具体的破坏程度报告、制定相应的维修措施(相关资源见二维码19)。

对于车辆的运用、检修或制造来说,车体及内装检修工艺至关重要,本检修工艺教学内容主要参考南车株洲电力机车有限公司提供的《维修、保养和大修手册》、广州地铁三号线 B1 型车各系统维修技术规程,并结合 B1 型电动车组的日常实际运营、维护及检修情况进行编制。

二维码19

知识技能点

1. 车体的结构组成、作用。
2. 车体及内部设施检修方法及相关工具的使用。
3. 驾驶室、客室内装的结构组成、作用。
4. 驾驶室、客室内装的检修方法及相关工具的使用等。

建议课时

6 学时(任务一 2 学时,任务二 2 学时,任务三 2 学时)

任务一　车 体 检 修

教学导航

车体是城市轨道交通车辆重要的组成部件之一,坐落在转向架上。除了载客之外,几乎所有的机械、电气、电子等设备都安装在车体的上部、内部及下部,驾驶室也设置在车体中。车体

二维码20

一般由底架、侧墙、车顶、前端、后端等组成。车体最初由普通碳素钢制造。为了减少腐蚀，提高使用寿命，耐候钢制造的车体得到广泛应用。为实现车体的轻量化，现代城市轨道交通车辆车体多由不锈钢、铝合金制造，车体的个别部位（如前端等）也可采用有机合成材料制造（相关资源见二维码20）。

任务目标

1. 掌握车体的结构组成、作用。
2. 了解车体检修工具设备的使用方法。
3. 了解车体常见故障以及故障检修方法。

工具设备

抹布、油漆笔、清洁剂等。

检修工艺

一、车体外观检查（相关资源见二维码21）

二维码21

1. 车体外表面检查

标准工时：0.1小时，1人/单元。

检修对象：车体外侧墙，如图3-1所示。

操作步骤及检查标准：

目视检查及标准包括检查车头外观是否有破损、刮痕等，检查驾驶室门窗、客室门窗及客室端墙外观是否正常。

图3-1　车体外侧墙

2. 检查车辆防爬器外观无损坏，安装紧固

标准工时：0.1小时，1人/单元。

工具及物料:抹布、油漆笔。
检修对象:防爬器,如图 3-2 所示。
操作步骤及检查标准:
检查防爬器固定螺栓的紧固情况,需紧固无松动,划线清晰可见。

图 3-2 防爬器

3.检查架车点垫块安装紧固,外观无异常

标准工时:0.1 小时,1 人/单元。
工具及物料:抹布、油漆笔。
检修对象:架车点垫块,如图 3-3 所示。
操作步骤及检查标准:
目测检查架车点垫块外观和紧固螺栓。

4.检查登车梯所有紧固件安装紧固,无松动、无裂纹

标准工时:0.05 小时,1 人/单元。
工具及物料:抹布、油漆笔。
检修对象:蹬车梯,如图 3-4 所示。

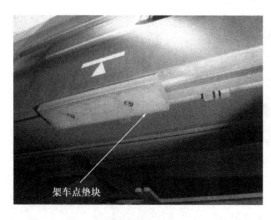

图 3-3 架车点垫块

图 3-4 蹬车梯

操作步骤及检查标准：
目测检查，登云梯外观无异常，所有紧固件连接紧固，无裂纹。

二、车下设备检查

1. 各悬挂箱检查

标准工时：0.2 小时，1 人/单元。
工具及物料：抹布、油漆笔、清洁剂。
检修对象及特征：

A、C 车高压箱，牵引柜，制动电阻箱，B 车辅助逆变器箱，辅助设备箱，闸刀开关箱与车底连接可靠，无松动，如图 3-5 所示。

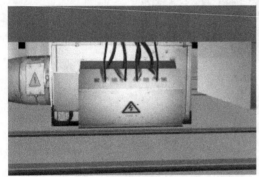
a) 制动电阻箱

b) 蓄电池箱

图 3-5　检查车底箱体

操作步骤及检查标准：
目视检查，箱的悬挂件连接可靠，无松动，螺栓划线清晰可见，如图 3-6 所示。

图 3-6　目视检查箱的悬挂件

2. 目视检查各设备箱盖，须锁闭紧固

标准工时：0.1 小时，1 人/单元

工具及物料:抹布、油漆笔、清洁剂。

检修对象:各设备箱盖上的方孔锁,如图 3-7 所示。

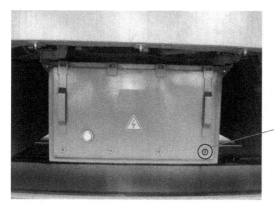
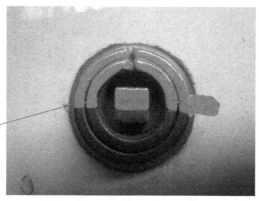

图 3-7　检查各设备箱盖上的方孔锁是否锁紧

操作步骤及检查标准:

目测检查方孔锁的锁闭,检查刻线在锁紧位上是否对齐。

3.检查 B 车对位天线固定支架外观完好,安装紧固,螺栓划线无错位

标准工时:0.05 小时,1 人/单元。

工具及物料:抹布、油漆笔。

检修对象:B 车对位天线固定支架,如图 3-8 所示。

操作步骤及检查标准:

目测 B 车对位天线固定支架外观无异常,所有紧固件连接紧固,无裂纹,螺栓划线清晰可见,无错位。

4.车底高压线缆检查

标准工时:0.2 小时,1 人/单元。

工具及物料:抹布、油漆笔、清洁剂。

检修对象:金属套管及金属波纹管、塑胶套管、塑胶套管与金属套管交界连接处。

图 3-8　B 车对位天线
固定支架

操作步骤及检查标准:

目测车底高压线缆金属套管及金属波纹管外观是否完好,检查塑胶套管是否无破损、无干涉,塑胶套管与金属套管交界处是否连接完好、无破损、扎线带正常。

5.检查电笛外观无异常,连接紧固

标准工时:0.05 小时,1 人/单元。

工具及物料:抹布、油漆笔。

检修对象:电笛,如图 3-9 所示。

图 3-9 电笛

操作步骤及检查标准：

目测检查电笛外观无异常，连接紧固。

任务二　客室内装检修

教学导航

车体内部设置照明、通信、空调、车门开闭装置、座椅、扶手或拉杆、拉手等。车辆在编组成列时，可采用贯通式和非贯通式的连接方式。由于采用贯通式方式，可使全列车载客部分贯通，能有效地调节各个车辆的载客拥挤度，便于疏散乘客，故得到广泛应用。

任务目标

1. 掌握客室内装的结构组成、作用。
2. 了解客室内装检修工具设备的使用方法。
3. 了解车体常见故障以及故障检修方法。

工具设备

抹布、油漆笔、清洁剂、酒精、毛刷、78#方孔钥匙等。

检修工艺

一、客室座椅、立柱扶手检查

1. 检查客室立柱有无损坏、无松动，损坏严重则更换

标准工时：0.1 小时，1 人/单元。

工具及物料：抹布、油漆笔。

检修对象及特征：立柱即扶手杆，扶手杆组件（A）贯穿安装于整个车厢中心线。另一个扶手杆组件（B）被分别安装于每个乘客座椅，与挡风板相连，12个拉手均匀地分布在水平扶手杆上并且固定。扶手杆和挡风板的位置如图3-10所示，客室扶手位置如图3-11所示。

图3-10　扶手杆和挡风板的位置

图3-11　客室扶手位置

与车顶的连接部件为顶盖，与地板的连接部件为地板支座，与水平扶手杆的连接部件为十字接头，如图3-12所示。

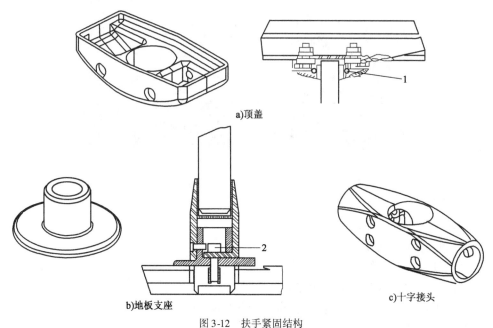

图3-12　扶手紧固结构
1—螺栓（40N·m）；2—螺栓（25N·m）

操作步骤及检查标准：

如果立柱附属部件出现松动，需要紧固相应螺栓；要求无裂纹或变形，如果受损，应更换相应部件。

2. 检查客室座椅无损坏及变形，客室内装无异常

标准工时：0.2小时，1人/单元。

工具及物料：抹布、油漆笔。

检修对象特征：A车客室有6个长座椅和2个短座椅(见图3-13)，B车客室有6个长座椅和4个短座椅。客室内部装置包括盖板、天花板、立柱、扶手、拉环、地板、窗户、广告框、座椅、侧墙、端墙、照明灯、动态地图、LCD显示屏、喇叭等(见图3-14)。

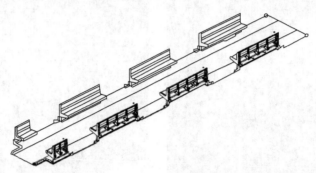

图3-13　A车乘客座椅的位置

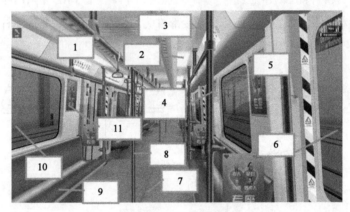

图3-14　客室内部装置

1-拉环；2-照明；3-电子地图；4-LCD显示屏；5-盖板；6-车门；7-地板；8-立柱；9-座椅；10-车窗；11-广告牌

操作步骤及检查标准：

(1) 客室座椅有无损坏及变形。

(2) 广告框外观无损坏。

(3) 盖板外观是否完好无损，是否锁闭。

(4) 车门紧急解锁透明盖板有无破裂。

(5) 各类警示标语是否在指定位置，有无脱落现象。

(6) 客室拉环扶手有无损坏。

(7) 客室车窗密封胶有无损坏和脱落，车窗玻璃有无破裂。

(8) 客室灭火器外观有无损坏，紧固扣环有无脱落。

二、客室内电子设备检查

1. 电子柜和电气柜检查

标准工时：0.3小时，1人/单元。

工具及物料：抹布、油漆笔、毛刷、78#方孔钥匙。

检修对象及特征：电子柜和电气柜分布在客室内一位端或二位端，如图3-15所示。天地锁安装于设备柜门板上，如图3-16所示。

图3-15　检查电子柜及电气柜内各设备　　　　　图3-16　天地锁检查

检查电子柜和电气柜内各设备安装紧固、外观及接线正常，柜门能正常开闭。天地锁功能良好，清洁电子柜和电气柜。

操作步骤及检查标准：

(1)到客室内确认各个柜门的锁无损坏、松动且无安装错误，柜门面板应该容易打开和关闭。

(2)打开电子柜和电气柜，检查柜内的设备是否稳固，轻轻检查设备各接线有无松脱情况，螺栓的划线是否清晰一致，还要检查各个设备电子元件的外观是否正常，有无烧焦痕迹等。

(3)天地锁锁闭后检查上下应锁闭到位，用毛刷或吸尘器清洁电子柜和电气柜内部灰尘。

2.车内电子地图等检查

标准工时：0.3小时，1人/单元。

工具及物料：抹布、油漆笔、酒精、78#方孔钥匙。

检查对象及特征：

每节车厢有8个LED站点地图显示器，左右两侧各4个。安装在客室门上方的天花板区域内，即客室门的正上方(见图3-17)。

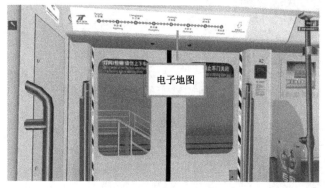

图3-17　LED站点地图显示器

每节车厢分别有3个乘客紧急对讲(PICU),分别安装在客室门的门柱衬板上(1个安装在车厢左侧的门柱衬板上,另外2个安装在车厢右侧的门柱衬板上)。乘客紧急对讲如图3-18所示。

图3-18 乘客紧急对讲

每节车的客室天花板上安装有6个LCD显示屏,左右两侧各3个,如图3-19所示。

图3-19 LCD显示屏

操作步骤及检查标准:

观察LED站点地图外观完好,打开客室门上方的盖板确认电子地图后面的螺栓紧固及接线正常(图3-20),用酒精清洁外表面。

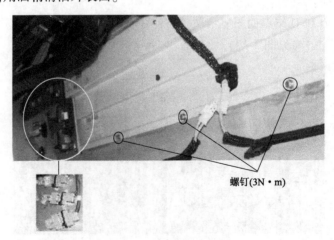

图3-20 LED站点地图内部

到客室门的门柱衬板上检查乘客紧急对讲安装紧固,外观正常,用酒精清洁外表面。

打开 LCD 显示屏后面的盖板,检查 LCD 显示屏安装螺栓紧固,接线及外观正常,没有任何移动和损坏,用干软布擦拭外表面。

三、客室内饰检查

1. 客室广告牌检查

标准工时:0.1 小时,1 人/单元。

工具及物料:抹布。

检查对象特征:客室广告框。

操作步骤及检查标准:

目检广告框外观完好,上面的透明胶片无损坏、刮花、脱落或缺失,胶片薄膜有无清除,海报无缺失、损坏、无反装。

2. 客室警示标志检查

标准工时:0.1 小时,1 人/单元。

工具及物料:抹布。

检查对象及特征:客室警示标志。

操作步骤及检查标准:

目检客室所有警示标志无破损、刮花、卷边和缺失。列车 LED 地图和车厢线网图补丁无缺失,补丁内容及粘贴位置正确,无卷边或者破损,否则重新粘贴相应标志。

3. 客室照明检查

标准工时:0.3 小时,1 人/单元。

工具及物料:抹布。

检查对象及特征:照明灯罩。

操作步骤及检查标准:目视检查客室照明灯罩外观完好无损坏,灯罩安装紧固无异常,灯罩内外无污物,必要时应使用抹布进行清洁。

4. 检查客室侧顶板方孔锁无松动

标准工时:0.2 小时,1 人/单元。

工具及物料:抹布、78#方孔钥匙。

检查对象及特征:方孔锁位于车门上方,如图 3-21 所示。

操作步骤及检查标准:

用手掰动侧顶板边缘缝隙,检查侧顶板方孔锁是否锁闭良好。

图 3-21 盖板检查

5. 检查灭火器外观完好,气压正常,无过期,否则更换

标准工时:0.1 小时,1 人/单元。

工具及物料:抹布。

检查对象特征:客室座椅下的灭火器。

操作步骤及检查标准:

目检灭火器外观完好,气压正常;检查是否在有效期内,如不在则更换,并按要求紧固好。

任务三　驾驶室检修

教学导航

二维码22

　　驾驶室内设备布置各有差异,但都遵循一定规律。驾驶室左右两侧各设一扇门,前端一般设有紧急疏散门,后端与客室设有隔门。驾驶室正驾驶台上一般设置使用比较频繁的或非常重要的操作元件,如主控制手柄、方向手柄、警惕按钮、广播/驾驶室联络开关、紧急停车按钮、解钩按钮等(相关资源见二维码22)。

任务目标

1. 掌握驾驶室检查的基本方法和步骤。
2. 了解驾驶室外观检查的操作要点。
3. 了解并掌握驾驶室其他部件检查的操作要点。

工具设备

抹布、油漆笔、清洁剂、酒精、毛刷、78#方孔钥匙,内六角扳手等。

检修工艺

一、驾驶室外观检查

1. 风挡玻璃,目检无异常

标准工时:0.05 小时,1 人/单元。
工具及物料:抹布。
检修对象特征:风挡玻璃(见图3-22)。
操作步骤及检查标准:目检正常无损坏。

2. 检查驾驶室内外油漆是否完好

标准工时:0.1 小时,1 人/单元。
工具及物料:抹布。
检修对象:驾驶室内外油漆。

图 3-22 风挡玻璃

操作步骤及检查标准：

目检驾驶室内外油漆是否完好。

3. 驾驶室显示屏检查

检查驾驶室 HMI（人机接口）及广播触摸屏：显示屏无裂缝或裂纹之类的损坏，若损坏则更换。检查显示器的底座，若松动，拧紧松动的六角螺母沉头螺钉。显示器上无污物，如有污物用拧干水的湿软布擦拭。

标准工时：0.2 小时，1 人/单元。

工具及物料：抹布。

检修对象：驾驶室 HMI 及广播触摸屏。

操作步骤及检查标准：

用内六角扳手取下司机显示器四颗固定螺栓，检查司机 HMI 的接线紧固，司机显示器上无裂纹或裂纹之类的损坏。显示器上如有污物用拧干水的湿软布擦拭。检查广播触摸屏底座螺栓紧固无松动，接线线缆无松动，显示屏无裂纹。

司机显示器及广播触摸屏如图 3-23 所示。

图 3-23 司机显示器及广播触摸屏

4. 检查所有灭火器外观完好，气压正常，有无过期

标准工时：0.1 小时，1 人/单元。

工具及物料：抹布。

检修对象：驾驶室内灭火器（见图3-24）。

a)水基灭火器

b)干粉灭火器

图3-24　灭火器检查

操作步骤及检查标准：

(1)检查灭火器压力表指针是否在压力正常值范围。

(2)开口销及铅封是否完好，胶皮管是否有裂纹。

(3)检查灭火器是否在有效期限内。

二、驾驶室其他部件检查

1.扶手：检查扶手所有紧固件，确保安装稳固

标准工时：0.1小时，1人/单元。

工具及物料：抹布。

检修对象：驾驶室扶手安装紧固件（见图3-25）。

a)驾驶室扶手

b)驾驶台扶手

图3-25　扶手安装紧固件

操作步骤及检查标准：

检查扶手所有紧固件，确保安装稳固无松动，机械安装工艺符合标准（标准参照扭力表要求）。

2．检查司控器面板的安装螺栓，确保可靠紧固

标准工时：0.1 小时，1 人/单元。

工具及物料：抹布。

检修对象：司控器（见图 3-26）

图 3-26　司控器

操作步骤及检查标准：

检查司控器所有的固定螺栓，确保它们可靠连接，必要的情况下重新紧固。

3．检查驾驶室座椅紧固情况及调整功能，检查螺栓连接紧固

标准工时：0.1 小时，1 人/单。

工具及物料：抹布。

检修对象：驾驶室座椅（见图 3-27）。

操作步骤及检查标准：

（1）调整高度设置。

①提起无限可调高度设置的手柄 1，座椅高度调整设备上的锁被释放。

②要提起座椅高度，稍微站起来一些，让座椅升至所需的位置。在到达该位置时，释放手柄 1。

③要降低座椅高度，用身体重量压住座椅，直至座椅达到所需位置，在到达位置时，释放手柄 1。

（2）座椅行程调整。

①提起用于座椅行程设置的手柄 2，座椅顶部用于座椅纵向行程的锁被释放。

②通过身体的重量，可以以 10mm 的增量在 160mm 的范围内调整座椅。在达到所需位置时，释放手柄 2。

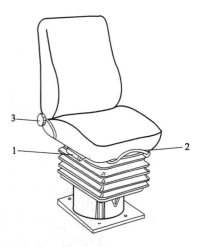

图 3-27　驾驶室座椅
1-高度设置手柄；2-行程设置手柄；3-靠背调节手柄

(3)靠背调整。

①转动用于靠背设置的旋转手柄3(顺时针或逆时针),调整靠背的位置,在每个位置会自动实现锁定。

②要将靠背前移,可将身体离开靠背,顺时针转动旋转手柄3。

③要将靠背后移,可将身体紧靠靠背,逆时针转动旋转手柄3。

4.检查驾驶室通道门能否正常锁闭及打开,下部窗格有无损坏,损坏则更换

标准工时:0.1小时,1人/单元。

工具及物料:抹布、78#方孔钥匙。

检修对象:驾驶室通道门。

操作步骤及检查标准:

(1)检查通道门能否正常顺畅地锁闭及打开。

(2)检查门上的把手各锁紧固无松动。

(3)底部栅格(见图3-28)若有变形、脱落、损坏等则更换。

图3-28　驾驶室通向客室门的下部窗格

5.驾驶室电气柜检查

标准工时:0.3小时,1人/单元。

工具及物料:抹布、78#方孔钥匙。

检修对象:驾驶室内所有电气柜、工具电子柜(见图3-29)。

图3-29　驾驶室内电气柜、工具电子柜

操作步骤及检查标准：

(1)目检各设备安装紧固、外观及接线正常、无异响、保护接地良好。

(2)检查柜门能正常开闭。

(3)(系统修十二)清洁电气柜和工具电子柜。

6.驾驶室驾驶台检查

标准工时：0.1小时，1人/单元。

工具及物料：抹布。

检修对象：驾驶台(见图3-30)、司控器。

图3-30　驾驶台检查

操作步骤及检查标准：

(1)目检驾驶台各面板部件外观完好，司机台干净无损坏，各紧固件紧固无松动。

(2)检查司控器所有的紧固螺栓，确保它们可靠连接，必要的情况下重新紧固。

【课后习题】

一、填空题

1.按照车体所使用材料可分为_____、_____和_____三种。车体结构分为_____、_____和_____三类。

2.A车客室有_____个长座椅和_____个短座椅，B车客室有_____个长座椅和_____个短座椅。

3.车辆在编组成列时，可采用_____和_____的连接方式。由于采用_____方式，可使全列车载客部分贯通，能有效地调节各个车辆的载客拥挤度，便于疏散乘客，故得到广泛应用。

4.驾驶室正驾驶台上一般设置使用比较频繁的或非常重要的操作元件，如_____、_____、_____、_____等。

二、简答题

1. 简述车底高压线缆检查的操作步骤及检查标准。
2. 简述电气柜检查的操作步骤及检查标准。
3. 简述车内电子地图检查的操作步骤及检查标准。
4. 简述驾驶室显示屏检查的操作步骤及检查标准。
5. 简述驾驶室通道门检查的操作步骤及检查标准。
6. 简述灭火器检查的操作步骤及检查标准。

项目四　供风及制动系统检修工艺

项目描述

列车制动就是人为地制止列车运动,包括使它减速,不加速或者停止。对已制动的列车或机车解除或者减弱其制动作用,称为"缓解"。为施行制动和缓解并保证行车安全而安装在列车上的一整套设备(其中包含供风装置),称为列车"制动装置"。供风及制动系统主要由供风模块、空压机、基础制动装置、储风缸和干燥器、油过滤器等装置组成。其中,空压机是用来产生压缩空气的装置。城市轨道交通车辆用的空压机要求具有噪声低、振动小、结构紧凑、维护方便和环境实用性强的特点,对空压机的检修是供风及制动系统检修的一个重要环节。为了保证列车的制动效果,制动夹钳、制动盘、制动闸片等基础制动装置也必须定期检查或者更换。储风缸管路和安全阀等也是城市轨道交通车辆日常检修的必要环节(相关资源见二维码23)。

二维码23

本检修工艺教学内容主要参考广州地铁 3 号线 B1 型电动车组制动及供风系统检修工艺,并结合 B1 型车各系统检修技术规程及其日常实际运营、维护及检修情况进行编制。

知识技能点

1. 车辆供风及制动系统的结构组成与作用。
2. 供风系统的检修方法及相关工具的使用。
3. 制动系统的检修方法及相关工具的使用。

建议课时

8 学时(任务一 3 学时,任务二 3 学时,任务三 2 学时)

任务一　供风模块和空压机检修

教学导航

供风系统是向整个列车提供压缩空气的风源。它不仅针对空气制动系统,而且也为其他用风部件提供风源,如风动塞拉门、风喇叭(汽笛)、受电弓风动控制、车钩操作风动控制设备、空气弹簧及刮水器等。供风系统制造的压缩空气为用风设备的驱动提供动力,而压缩空气的净化和干燥处理是不可或缺的,其目的是除去压缩空气中所含的灰尘、杂质、油滴和水分等,保证制动系统及其他用风设备能长时间可靠地工作。为得到清洁、干燥的压缩空气,一般供气系统主要是由空气压缩机组、二次冷却器、空气干燥器、风缸及其他空气管路辅助元件等组成的。本节主要介绍供风模块、空气压缩机(下称空压机)的检修工艺(相关资源见二维码24)。

二维码24

任务目标

1. 掌握供风模块的组成、作用。
2. 了解空压机检修工具设备的使用方法。
3. 了解供风模块和空压机的常见故障以及故障检修方法。

工具设备

抹布、油漆笔、清洁剂、扭力尺、专用的量具、加油工具、毛刷、58件套、38件套等。

检修工艺

一、供风模块检查

1. 电机进气栅检查

标准工时:0.3小时,2人/单元。

检修对象:图4-1所示为空压机的电机进气格栅。

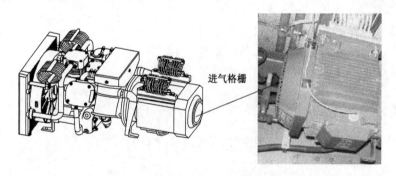

图4-1 空压机的电机进气格栅

操作步骤及检查标准:

目测空压机的电机进气格栅无损坏,清除杂物。螺栓划线是否错位,如错位则重新校正力矩并对螺栓划线,不清晰划线则重新划线。

2. 压缩机冷却器检查

检修对象:图4-2所示为空压机组的冷却器。

操作步骤及检查标准:

目测检查冷却器格栅,清洁杂物。检查冷却器结构完整,悬挂紧固,无异常变形和裂纹;检查各紧固螺栓划线清晰、无错位。

3. 弹性悬挂装置检查

检修对象及特征:空压机有两组钢丝卷成固定的弹性悬挂装置和两组带橡胶件的安装固定的弹性悬挂装置,如图4-3所示。

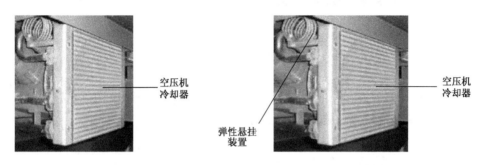

图4-2 空压机组的冷却器　　　图4-3 空压机

操作步骤及检查标准:

目测各部件整洁无异常,螺栓无松动,螺栓划线是否错位,如错位则重新校正力矩并对螺栓划线,不清晰划线则重新划线。

4. 空压机润滑油检查(相关资源见二维码25)

检修对象:目测空压机油尺的油位、空压机润滑油(见图4-4)。

操作步骤及检查标准:

目测空压机润滑油无乳化。空压机油尺的油位(油面大概在油标中间,否则,补加润滑油),润滑油型号 SHELL CORENA OIL P100(用专用的量具及加油工具)。

二维码25

图4-4 空压机油面显示

5. 真空指示器检查

检修对象:每个空压机上有两个滤清器和一个真空指示器(见图4-5)。

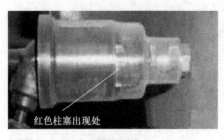

a) 真空指示器　　　　　　　　b) 滤芯

图 4-5　滤芯的检查

操作步骤及检查标准：

目测真空指示器，如果红色柱塞能完全可见，则拆下滤清器滤芯，用干毛刷清扫。等压缩机启动后红色柱塞仍可见，则更换滤清器滤芯。

6. 空气干燥器紧固检查

检修对象：空气干燥器单元（见图4-6）。

图 4-6　各个紧固螺栓的检查

操作步骤及检查标准：

目测空压机上的空气干燥器外观正常无损伤，所有紧固螺栓无松动。螺栓划线是否错位，如错位则重新校正力矩并对螺栓划线，不清晰划线则重新划线。

二、空压机日常维护

1. 空压机外观检查（相关资源见二维码26）

二维码26

标准工时：0.4 小时，2 人/单元。

检查对象及特征：空压机润滑油油路系统。润滑油油路系统由温控阀、油冷却器、可视回油单向阀、油细分离器、油过滤器和油气室组成，包含主回路与辅助回路两个回路，如图4-7所示。

操作步骤及检查标准：

目测空压机油路系统无泄漏、管路划线清晰。

项目四　供风及制动系统检修工艺

图 4-7　空压机油路系统

2. 空压机紧固检查

检查对象及特征:车底空压机组安装紧固件及减振垫。BF-0.9/9A 供风模块由四大主要部件构成(见图 4-8):整体吊架、空压机、空气净化处理单元和电控单元。

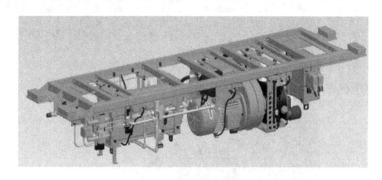

图 4-8　空压机(供风模块)

操作步骤及检查标准:

目视检查各安装螺钉、螺母及减振垫是否有裂纹、变形等疲劳损伤,紧固件有无松动并划线。检查空压机结构完整,无异常变形和裂纹;减振垫无裂纹、变形等疲劳损坏。检查各紧固螺栓无松动、划线清晰。

3. 空压机冷却器检查

检查对象:车底空压机组都有一个冷却器(见图 4-9)。

操作步骤及检查标准:

目测检查空压机冷却器有无杂物,如有必要用风枪进行吹扫、清洁。检查冷却器结构完整,外观无损坏,悬挂件紧固,无异常变形和裂纹;检查各紧固螺栓划线清晰、无错位。检查冷却器表面的清洁情况,如有必要则使用吹尘器来清除冷却器表面的灰尘、积垢。

4. 空压机油检查

检查空压机油有无乳化现象,油位在可视范围之内,如看不到油面,应打开加油螺塞,再进行观察。油面应该在观油镜正常的可视范围之内,否则,补加润滑油。润滑油型号为

49

ANDEROL 3057M。

检查对象:空压机油标(见图4-10)内的润滑油。

操作步骤及检查标准:

检查观油镜,看润滑油是否有乳化现象,空压机油颜色是否浑浊、暗红、发黑,若有,则更换润滑油;检查油位是否在上、下油标之间,若不在应补加润滑油。

图4-9 空压机冷却器

图4-10 空压机油标

5. 空压机带电运行检查

检查对象:空压机单元可视回油单向阀(见图4-11)。

图4-11 可视回油单向阀

操作步骤及检查标准:

有电功能检查,空压机运行时,目视检查空压机可视回油单向阀的透明外壳,应能看到小股的油气流动,停机时消失(如果空压机运行过程中,可视回油观油镜中无油流动,必须停机分析处理)。

三、空压机机油更换

标准工时:1小时,2人/单元。

工具及物料:抹布、油漆笔、清洁剂、润滑油型号 SHELL CORENA OIL P100 3.0L、空气滤芯 58 件套、扭力尺。

1. 空压机润滑油更换

检修对象及特征：位于 A、C 车空压机，如图 4-12 所示。

图 4-12　更换空压机润滑油及排油口、加油口垫圈

操作步骤及检查标准：

先将扭力扳手调到最大的力矩后，将加油口和放油口的内六角螺栓卸下，用塑料桶完全收集废油，并用抹布和清洁剂清洁加油口和排油口的磁性螺栓。待油完全排尽后用布擦净各口上的废油，准备加油。使两台空压机打气运行停止后，断 1500V 高压电，做好列车升弓保护。用内六角扳手将注油口螺栓（>110N）拧开，同时更换注油口紫铜垫圈。用内六角扳手将排油口螺栓（>80N）拧开，放油，并用油桶完全收集废油。

等废油排尽后更换排油口紫铜垫圈，装上排油口螺母并上紧（力矩 80N）。用量杯注入新空压机油（润滑油型号 SHELL CORENA OILP100）约 3.0L，并注意油尺的油位高度，油位应在油尺的顶部。换用新的注油口紫铜垫圈后拧紧注油口螺母并上紧（力矩 110N）。如果发现排油口的密封力矩是对的，但还是有轻微漏油，可以检查紫铜垫片是否有问题（材质过硬或表面不平整等）。还可检查排油口上是不是有脏污没有擦干净，使垫圈密封不好；螺纹上是不是有不干净的东西（如铁屑），在还没有上到位时就顶死了，可以重新更换清洁后装上。清洁注油口和排油口表面，检查是否漏油并划线。升弓检查空压机运作是否正常（见图 4-13）。

  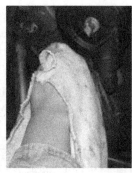 

图　4-13

图 4-13 空压机加油

2. 空压机油污排污处理

拧开干燥器油过滤器排污口,将油污排出(★检查油过滤器油滤芯,如有必要,更换油过滤器油滤芯)。

3. 管路外观检查

外观检查:检查所有气管和软管安装良好,软管不得磨损、鼓包,无泄漏。供风管路如图 4-14、图 4-15 所示。

图 4-14　供风管路 1　　　　　　图 4-15　供风管路 2

检修对象及特征:在 A、C 车空压机上都有些气管和软管。

操作步骤及检查标准:

用手电筒照射,站在梯子上仔细检查各管路的接头和安装座是否完好,耳听无漏气声并用肥皂泡沫检查接头,同时对管路接头和螺栓划线。

4. 空压机润滑油更换

更换空压机润滑油,润滑油型号为 ANDEROL 3057M。

检查对象及特征:空压机润滑油注油口及泄油口如图 4-16 所示。

操作步骤及检查标准:

(1)启动空压机并等待打气完成,空压机已停止工作。

(2)把空压机控制的微动开关打下,并做好防止空压机再次启动的防范工作。

(3)清洁空压机的泄油口、加油口。

图 4-16　空压机润滑油注油口及泄油口

（4）缓慢地拧松加油塞即可，使空气能顺畅地进入油罐，以利放油。使用专用工具打开泄油口、加油口并清洁排油口、加油口螺塞。

（5）缓慢地（小心烫伤）旋开放油螺塞，旋上放油嘴以顶开放油塞，将油放入置于放油螺塞下面的容器中；使用特定的容器来装置排放下来润滑油，排油过程一定要观察油中是否有铁屑等异常情况。

（6）油放尽后拧紧放油螺塞。

（7）加新油至"MAX"油位后旋紧加油螺塞。

（8）打开动力电源，开机试运行 3min 后停机，待空压机完全卸压后，再关断车辆动力电源，旋开加油螺塞，再次检查油位，并补充加油至"MAX"油位（因机组运行后，油路都会被充满油，所以原油位运行后有所降低）。

（9）恢复空压机控制的微动开关和空压机再次启动的防范工作。

（10）启动空压机并检查空压机工作情况是否有异常。

（11）收集所有的容器并按要求放置于指定的存放点。

5. 油过滤器更换

检查对象及特征：油过滤器是一种纸质过滤器，其功能是去除油中杂质，如金属微粒、油之劣化物等，过滤精度为 10～15μm，对轴承及转子有完善的保护作用。空压机油过滤器安装位置如图 4-17 所示。

操作步骤及检查标准：

使用专用皮带扳手，夹住滤筒；按逆时针方向旋转，拆下旧的油过滤器；用酒精和抹布清洁过滤器安装壳内、外表面；换用新的油过滤器，密封圈表面涂润滑油后，用手旋紧油过滤器于油滤座上。

6. 气水分离器清洗

清洗气水分离器，更换高效过滤器的滤芯、灰尘过滤器的滤芯。

检查对象及特征：空压机产生的压缩空气，通过气水分离器、高效过滤器过滤后再经干燥器进行干燥，然后由灰尘过滤器收集

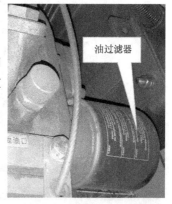

图 4-17　空压机油过滤器安装位置

压缩空气自带的和干燥过程中产生的灰尘,最后将干燥清洁的空气供给机车车辆风缸。空压机高效过滤器、灰尘过滤器、气水分离器安装位置如图4-18所示。

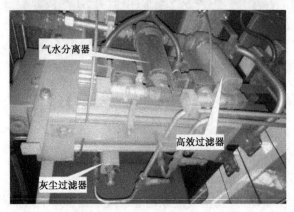

图4-18　空压机高效过滤器、灰尘过滤器、气水分离器安装位置

操作步骤及检查标准:

用活动开口扳手拆下自动排污阀,用专用皮带扳手逆时针方向旋转,从气水分离器端盖拆下壳体,逆时针方向旋转拆下壳体上的导风嘴,用酒精和抹布清洁壳体内表面和导风嘴上的油污;装上导风嘴,将壳体重新装入气水分离器端盖。

用活动开口扳手拆下自动排污阀,用专用皮带扳手逆时针方向旋转,从高效过滤器端盖拆下壳体,逆时针方向旋转拆下壳体上的导风嘴并清洗油污,清洁滤网安装壳内、外表面;更换新的高效过滤器的滤芯;装上导风嘴,将壳体重新顺时针旋转,装入高效过滤器端盖。

用专用皮带扳手逆时针方向旋转,从灰尘过滤器端盖拆下壳体,逆时针方向旋转拆下壳体上的导风嘴,清洁滤网安装壳内、外表面;换用新的灰尘过滤器的滤芯(见图4-19)。装上导风嘴,将壳体顺时针旋转,重新装入灰尘过滤器端盖。

7. 更换油细分离器

检查对象:油细分离器(见图4-20)。

图4-19　灰尘过滤器(滤芯)　　　　　图4-20　油细分离器

操作步骤及检查标准:

用专用皮带扳手夹住白色滤筒上的金属环,按逆时针方向旋转,取下油细分离器;安装新的油细分离器——密封圈表面涂润滑油后,用手使劲旋紧油细分离器于机座上。

任务二　基础制动装置及 EP2002 系统检修

教学导航

制动夹钳、制动盘、制动闸片是城市轨道交通车辆基础制动系统的重要组成部分。列车制动时,制动夹钳通过抱紧制动闸片而产生摩擦,消耗列车的动能并以热能的形式散发到大气中,产生的制动力通过制动盘传导给轮对,从而达到列车减速或停车的效果。当前国内地铁车辆的制动系统普遍采用克诺尔公司(KNORR-BREMSE)的 EP2002 制动系统。该系统的车轮防滑保护(WSP)采用轴控式微机控制的防滑方式,主要包括防滑阀、测试齿轮、速度传感器、防滑电子控制单元。其中,防滑电子控制单元和防滑阀都集成在 EP2002 阀内,EP2002 阀也正是 WSP 功能的核心部件(相关资源见二维码27)。

本任务主要介绍制动夹钳、制动盘、制动闸片和 EP2002 系统的检修工艺(相关资源见二维码28)。

二维码27

二维码28

任务目标

1. 掌握制动夹钳、制动盘、制动闸片和 EP2002 系统的作用。
2. 了解制动夹钳、制动盘、制动闸片和 EP2002 系统检修工具设备的使用方法。
3. 了解制动夹钳、制动盘、制动闸片和 EP2002 系统的常见故障以及故障检修方法。

工具设备

抹布、油漆笔、清洁剂、直尺等。

检修工艺

一、制动夹钳与制动闸片检修

标准工时:0.3 小时,2 人/单元。

工具及物料:抹布、油漆笔、清洁剂、直尺。

1. 制动夹钳外观检查

检查制动夹钳外观是否有损伤,所有螺钉、锁紧垫片是否安装紧固并完整。弹簧状态是否良好,手动缓解停放制动装置波纹管是否磨损。

检修对象及特征：

二维码29

如图4-21所示，转向架上安装的制动设备包括每个车轴上的一个带有弹簧执行器的气动制动钳单元(C03)和一个不带弹簧执行器的气动制动钳单元(C01)。制动钳单元(C03)的弹簧施加部分被用作停车制动执行器，并配有机械遥控装置(相关资源见二维码29)。

a) 带停车制动缓解装置

b) 不带停车制动缓解装置

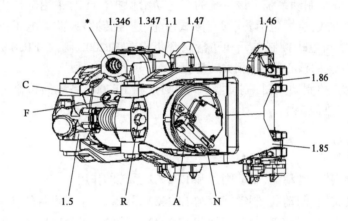
c) 制动设备示意图

图4-21 制动夹钳的检查

1.1-壳体；1.5-闸片间隙调整模块；1.46-制动闸片支座(无闸片)；1.47-制动闸片支座(无闸片)；1.85-钳杆；1.86-钳杆；1.346-金属板；1.347-支座；*-销钉安装件；A-弹簧执行器(集成在壳体中)；C-常用制动的供风口；F-弹簧执行器的供风口；N-紧急缓解装置；R-六角复位头

操作步骤及检查标准：

持手电筒去两侧和车底目测检查制动夹钳外观无损伤。所有螺栓无松动，螺栓划线是否错位，是则重新校正力矩并对螺栓划线，不清晰划线则重新划线。锁紧垫片安装紧固并完整，螺栓划线清晰。弹簧状态良好，再检查手动缓解停放制动装置波纹管有无磨损。

2. 制动闸片外观检查(相关资源见二维码30)

外观检查制动闸片，检查制动闸片厚度是否超过磨耗极限，超限则更换(通过观察闸片凹槽的磨耗标志可以判断闸瓦是否需要更换)；如需更换，更

二维码30

换后同一制动夹钳的内外闸片没有偏磨(闸片厚度相差不大于2mm)。检查制动闸片支座状态良好,制动闸片支座锁紧弹簧无明显变形情况,锁紧闸门与制动闸片支座配合良好。

检修对象及特征:如图4-22所示,每个轮对上内外两侧都有制动闸片。制动闸片是转向架配装的制动钳单元的零件。每个制动钳单元都装有两个制动闸片和制动闸片支座。

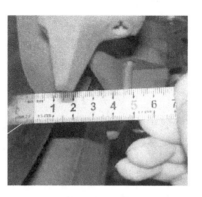

图4-22 闸瓦厚度的检查

操作步骤及检查标准:

持手电筒去两侧和车底目测检查制动闸片厚度是否超过磨耗极限,超限则更换。通过观察闸片凹槽的磨耗标志或者用直尺量取制动闸片厚度测量数据可以判断闸瓦是否需要更换(闸片厚度相差不大于2mm)。如需更换,更换后同一制动夹钳的内外闸片没有偏磨。检查制动闸片支座状态良好,制动闸片支座锁紧弹簧无明显变形情况,锁紧闸门与制动闸片支座配合良好。

3. 制动夹钳紧固检查

检查制动夹钳与转向架连接安装紧固、管路连接紧固无泄漏。

检修对象:如图4-23所示,制动夹钳与转向架连接安装螺栓、管路连接口的螺母。

图4-23 制动夹钳

操作步骤及检查标准:

车底目测检查制动夹钳与转向架连接安装螺栓紧固无松动,螺栓划线是否错位,如错位则重新校正力矩并对螺栓划线,划线不清晰则重新划线。检查管路有无漏气声音,如漏气则重新紧固连接口的螺母。检查连接口的螺母划线是否清晰,不清晰划线则重新划线。

二、制动盘检查

1. 制动盘紧固和裂纹检查

标准工时:0.2小时,2人/单元。

工具及物料:抹布、油漆笔、清洁剂、直尺。

检修对象及特征:如图4-24所示,每个转向架装有8个制动盘,每个车轮装有两个车轮制动盘。

操作步骤及检查标准:

检查制动盘安装紧固,裂纹符合要求,检查厚度是否超过磨耗极限。持电筒去两侧和车底目测轮对内外侧的制动盘,外观正常,裂纹符合要求,螺栓无松动,制动盘的厚度(>7mm)。

2. 制动盘散热片污垢清除

用压缩空气清除制动盘散热片上的污垢(见图4-25)。

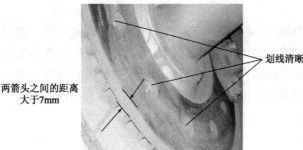

图4-24 制动盘的检查　　　　图4-25 清除制动盘污垢

检修对象及特征:车轮制动盘是一个环形整体铸件,带有放射状排列的散热片,由灰口铁制成。

操作步骤及检查标准:

将高压风机对准散热片,仔细地用高压风清洁。

3. 制动盘磨耗检查

检查制动盘是否有焦痕、材料堆积和剥落。

检修对象及特征:车轮制动盘是制动系统的一部分,该系统通过摩擦将动能转化为热量。与制动闸片摩擦后,车轮制动盘的制动温度升高。

操作步骤及检查标准:

用手电筒照明,目测检查外观是否有焦痕、材料堆积和剥落。

4. 制动闸片检修

外观检查制动闸片,检查厚度是否超过磨耗极限,并测量制动闸片厚度(>8mm);如需更换,更换后同一制动夹钳的内外闸片没有偏磨(闸片厚度相差不大于2mm)。

标准工时:0.4小时,2人/单元。

工具及物料：抹布、油漆笔、清洁剂。

检修对象及特征：每个轮对上内外两侧都有制动闸片。制动闸片是转向架配装的制动钳单元的零件。每个制动钳单元都装有两个制动闸片和制动闸片支座。

操作步骤及检查标准：

持手电筒去两侧和车底目测检查制动闸片厚度是否超过磨耗极限，超限则更换。通过观察闸片凹槽的磨耗标志或者用直尺量取制动闸片厚度测量数据可以判断闸瓦是否需要更换（闸片厚度相差不大于2mm）。如需更换，更换后同一制动夹钳的内外闸片没有偏磨。制动闸片支座状态良好，制动闸片支座锁紧弹簧无明显变形情况，锁紧闸门与制动闸片支座配合良好。

三、EP2002 系统检修

标准工时：0.1 小时，2 人/单元。

工具及物料：抹布、油漆笔、清洁剂。

1. EP2002 外观检查

目检外观良好，无裂纹，无破损，表面清洁。

检修对象及特征：车底两端对角均有 EP2002（见图4-26）。

操作步骤及检查标准：

检查 EP2002 的外观完好，无裂纹，无破损。用抹布蘸酒精清洁表面，安装螺栓划线清晰。

图4-26 智能阀和网关阀的检查

2. EP2002 电缆及管路紧固检查

电缆及管路安装紧固，无松动，管路无泄漏。

检修对象：智能阀和网关阀上的电缆及管路（见图4-27）。

操作步骤及检查标准：

用手检查各接头是否旋紧到位，无松动的现象。管路无泄漏。

3. 阀体与车底紧固检查

检查阀体与车底之间的连接是否紧固无松动，阀体无泄漏。

检修对象及特征：EP2002 与车底的连接如图4-28 所示。

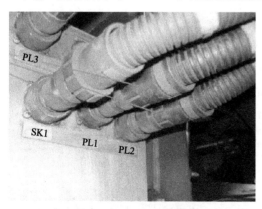

图4-27 连接管路及电缆的检查

图4-28 连接处紧固

操作步骤及检查标准:
用手触动阀体,检查是否紧固,无松动情况;用耳细听,检查阀体是否有泄漏的声音。

任务三　供风及制动系统辅助装置检修

教学导航

二维码31

本节主要介绍干燥器油过滤器,风缸排水阀,安全阀、储风缸和管路等供风与制动辅助装置的检修工艺。干燥器油过滤器是过滤压缩空气中水分和其他杂质的重要辅助装置;风缸排水阀是用来排出风缸中水分的装置;安全阀是空气制动系统中保证空气压力不至于过高的装置;储风缸是用来储存压缩空气的装置,为列车制动提供动力储备(相关资源见二维码31)。

任务目标

1. 掌握干燥器油过滤器,风缸排水阀,安全阀、储风缸和管路的作用。
2. 了解干燥器油过滤器,风缸排水阀,安全阀、储风缸和管路检修工具设备的使用方法。
3. 了解干燥器油过滤器,风缸排水阀,安全阀、储风缸和管路的常见故障以及故障检修方法。

工具设备

抹布、油漆笔、清洁剂等。

检修工艺

一、干燥器清洁(相关资源见二维码32)

二维码32

1. 干燥器油过滤器排污

拧开干燥器油过滤器排污口,将油污排出。

标准工时:0.2小时,2人/单元。

工具及物料:抹布、油漆笔、清洁剂。

检修对象:空气干燥器上的油过滤器(见图4-29)。

操作步骤及检查标准:
拧开空压机滤油器排污口,将滤器油污排出后拧紧排污口。

2. 风缸排水阀干燥

打开主风缸 A06 与空气弹簧风缸 L02 的排水阀,排放总风缸中的水分(无冷凝物)。

标准工时:0.2 小时,2 人/单元。

工具及物料:抹布、油漆笔、清洁剂。

检修对象:制动控制模块的主风缸 A06 与空气弹簧风缸 L02 的排水阀(见图 4-30)。

图 4-29　油过滤器　　　　　　　图 4-30　检查排水阀

操作步骤及检查标准:

用手拧开 L02、A06 塞门排放水气后恢复。

二、安全阀、总风缸和管路检修

1. 安全阀清洁

清洁安全阀(A01.03 及 A01.11),手动操作安全阀 A01.11 应排气、无积垢。

标准工时:0.1 小时,2 人/单元。

工具及物料:抹布、油漆笔、清洁剂。

检修对象及特征:空压机均有 A01.03 安全阀(11BAR,见图 4-31)及 A01.11 安全阀(10BAR,见图 4-32)各一个。

图 4-31　A01.03 安全阀　　　图 4-32　A01.11 安全阀

操作步骤及检查标准:

用抹布清洁安全阀无积垢,用手拧动安全阀上部应排气,则表明该阀功能正常。

2. 总风缸紧固检查

检查各个总风缸与车底之间的连接是否紧固。

标准工时:0.1小时,2人/单元。

工具及物料:抹布、油漆笔、清洁剂。

检修对象:各个总风缸与车底之间的连接螺栓(见图4-33)。

图4-33　总风缸

操作步骤及检查标准:

目测各个总风缸与车底之间的连接螺栓,紧固无松动,螺栓划线是否错位,如错位则重新校正力矩并对螺栓划线,划线不清晰则重新划线。

3. 风管、软管外观检查

外观检查所有风管和软管安装良好,软管无磨损、鼓包,无泄漏。

标准工时:0.1小时,2人/单元。

工具及物料:抹布、油漆笔、清洁剂。

检修对象:各车底供风部件的气管和软管连接(图4-34)。

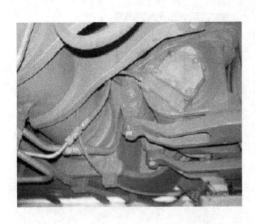

图4-34　各类风管的检查

操作步骤及检查标准:

检查各管路连接接头和安装座划线,安装良好,无磨损、鼓包,无泄漏。耳听有无漏气声,有则用管路检漏剂检查接头。

4. 风缸外观检查

检查风缸无破损、生锈和裂纹。

标准工时：0.5 小时，2 人/单元。

工具及物料：抹布、油漆笔、清洁剂、检漏剂。

检修对象及特征：每节车均有 7 个风缸。

操作步骤及检查标准：

仔细检查风缸外观无破损、生锈和裂纹，检查扎带紧固良好，管接头处防锈油密封良好，如图 4-35 所示。

图 4-35　检查风缸

5. 清洁滤网元件

滤网元件包括清洁 U10、B01 过滤器。

检修对象及特征：U10 是位于 B42 电气柜内的 U10 过滤器。B01 是位于制动模块总风缸附近的 B10 过滤器，如图 4-36～图 4-38 所示。

操作步骤及检查标准：

用工具挑开过滤器下方的安装板，并清洁过滤器内的过滤器软件。

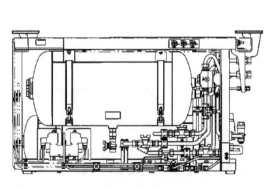
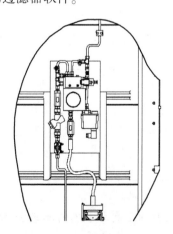

图 4-36　滤网元件示意图　　　　图 4-37　滤网元件局部示意图

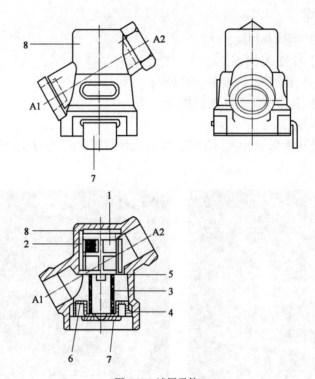

图 4-38 滤网元件 3

1-过滤器元件;2、3-弹簧;4-O 形环;5-支撑板;6-端板;7-安装板;8-外壳;A1、A2-风管连接

【课后习题】

一、填空题

1. 对已制动的列车或车辆解除或者减弱其制动作用,称为_____。

2. 为施行制动和缓解并保证行车安全而安装在列车上的一整套设备(其中包含供风装置),称为列车_____。

3. 供风及制动系统主要由_____、_____、_____、_____和_____、_____等装置组成。

4. 一般供气系统主要是由_____、_____、_____、_____及_____等组成。

5. _____、_____、_____是城市轨道交通车辆基础制动系统的重要组成部分。

6. EP2002 制动系统的车轮防滑保护(WSP)采用轴控式微机控制的防滑方式,主要包括_____、_____、_____、_____。

二、简答题

1. 简述空压机润滑油更换操作处理方法。
2. 简述空压机带电运行检查的操作步骤及检查标准。
3. 简述制动闸片的检修操作步骤及检查标准。
4. 简述储风缸紧固检查的检修操作步骤及检查标准。

项目五　贯通道及车钩检修工艺

车辆连接装置主要包括车钩缓冲装置和贯通道装置,通过它们使列车中的车辆相互连接,实现相邻车辆之间各种作用力的传递和通道的连接。

贯通道装置位于两节车厢的连接处,是两车厢通道连接的部分,它具有良好的防风、防雨、隔热、隔音、阻燃性能,能够使乘客安全便捷地穿行车厢连接处。

车钩缓冲装置是车辆最基本且最关键的部件。它的作用是连接列车中各车辆,使其彼此保持适当距离,并且传递与缓和列车在运行过程中的纵向力。

车辆连接装置作为城市轨道交通车辆中的关键结构,其检修工艺对于车辆的运行安全至关重要。本检修工艺教学内容主要参考广州地铁三号线 B1 型车各系统修技术规程并结合 B1 型电动车组的日常实际运营、维护及检修情况进行编制。

知识技能点

1. 车端连接装置中贯通道的结构组成与作用。
2. 贯通道检修方法及相关工具的使用。
3. 车端连接装置中车钩的结构组成与作用。
4. 车钩的检修方法及相关工具的使用。

建议课时

8 学时(任务一 2 学时,任务二 6 学时)

任务一　贯通道检修

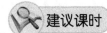

贯通道是列车中两车辆通道的连接部分,是保障乘客安全顺利通行于不同车厢的结构基础。贯通道具有整体式与分体式,一般由波纹折棚、紧固框架、连接框架、滑动支架、侧护板、顶板等部分构成。贯通道材料包括铝合金型材、钢材、特制人造革等。贯通道结构形式并非完全一致,不同城市、不同线路地铁车辆贯通道具有不同特点,如深圳地铁部分车辆采用分体式贯

通道装置，北京地铁部分车辆不采用直接贯通道，而是在车辆端墙中部设有端门(相关资源见二维码33)。

二维码 33

任务目标

1. 掌握贯通道的结构组成、作用。
2. 了解贯通道检修工具设备的使用方法。
3. 了解贯通道常见故障以及故障检修方法。

工具设备

袖珍防爆手电筒、油刷、纯棉布、黄油等。

检修工艺

一、贯通道日常检查(相关资源见二维码34)

二维码 34

1. 贯通道密封橡胶检查

检查贯通道构架与车端之间的周边密封橡胶是否有裂纹或损坏。

标准工时:0.1 工时,2 人/单元。

检修对象:贯通通道构架与车端之间的周边密封橡胶,如图 5-1 所示。

操作步骤及检查标准:

手持电筒检查,留意观察贯通道构架与车端之间的周边密封橡胶是否有裂纹或损坏,如有裂纹或损坏则进行修理或更换。检查完后用抹布抹去密封橡胶上的灰尘,然后用橡胶保护剂喷涂橡胶表面。

2. 贯通道顶板检查

检查贯通道顶板是否有裂纹或损坏。

标准工时:0.1 工时,2 人/单元。

检修对象:贯通道顶板,如图 5-2 所示。

图 5-1 贯通道构架与车端之间的周边密封橡胶

图 5-2 贯通道顶板

操作步骤及检查标准：

检查贯通道顶板是否有裂纹或损坏，检查顶板的固定螺钉是否有松动，并检查两边顶板上端边缘的橡胶减振胶是否损坏或丢失。

3. 橡胶裙板检查

检查侧护板的橡胶裙板是否有变形及损坏。

标准工时：0.1工时，2人/单元。

检修对象：在通道侧护板下方的橡胶件。

操作步骤及检查标准：

用手拨动橡胶裙板（见图5-3）外沿，检查上下橡胶裙板是否具有足够的韧性，变形之后能否恢复，如不能恢复，则说明橡胶裙板已老化，失去弹性。如变形严重，失去整体美观性则更换。检查裙板的紧固螺钉是否松动，如果损伤或松脱，将其重新上紧或更换新的螺钉。

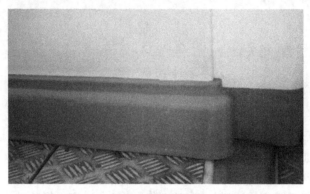

图5-3　贯通道裙板

4. 侧护板安装支架功能性检查

检查通道侧护板安装支架的功能是否正常。

标准工时：0.1工时，2人/单元。

检修对象：侧护板与安装支架，如图5-4所示。

图5-4　侧护板与安装支架

操作步骤及检查标准：

把侧护板从上下锁定钩脱离出来，检查通道侧护板内外表面是否有损坏，手动拉伸侧护板,检查安装支架的功能是否正常,再检查锁定钩的开启和关闭是否自如。工作完毕后将侧板的轴放入上下支架,直到听到"咔嗒"一声锁住上下支架并确认方孔位置到位及红点对位。

5. 渡板组件检查

检查渡板组件是否能够灵活移动。

标准工时:0.1 工时,2 人/单元。

检修对象及特征:高压箱、牵引柜、制动电阻箱、辅助逆变器箱、辅助设备箱、闸刀开关箱与车底连接可靠无松动。

操作步骤及检查标准:

检查渡板组件(见图 5-5)上的铰链是否能够灵活移动,没有磨坏,没有明显的机械噪声。

图 5-5　检查渡板组件

6. 渡板组件下部磨耗条检查

检查渡板组件下部磨耗条是否磨损严重。

标准工时:0.1 工时,2 人/单元。

检修对象:在渡板下方与地板面铝合金板接触的胶条。

操作步骤及检查标准:

检查渡板组件下部磨耗条是否磨损严重,并检查固定磨耗条的铆钉是否有松动,如有松动则更换。如果目检发现磨耗板厚度过小或损坏则需更换,更换时首先用钻取出的固定在磨耗条上的铆钉将其拆下,然后将一个新的渡板磨耗条放在安装位置上,再用铆钉钳用新的铆钉固定磨耗条。

7. 踏板组件检查

检查踏板组件(见图 5-6)磨耗是否严重,并测量最薄厚度。

标准工时:0.1 工时,2 人/单元。

检修对象:与渡板下方磨耗条接触的地板面铝合金板,如图 5-6 所示。

操作步骤及检查标准:

检查踏板的磨耗情况,用尺子测量踏板最薄的厚度,如发现异常磨耗穿孔要更换。

8. 折棚紧固检查

检查紧固件安装紧固，无松动，划线清晰可见。

标准工时：0.1工时，2人/单元。

检修对象：折棚内紧固件，如图5-7所示。

图5-6 踏板组件

图5-7 折棚内紧固件

操作步骤及检查标准：

手持电筒检查位于贯通道车辆安装构架与车端之间的内螺帽螺钉，如果发现任何损伤或者螺钉松脱，将其拆下重新上紧或换上新的紧固件并检查划线是否清晰。

二、贯通道日常维护

1. 侧板润滑保养

标准工时：0.1工时，2人/单元。

检修对象：侧板磨耗条，如图5-8所示。

图5-8 侧板磨耗条

操作步骤及检查标准：

用少量黄油润滑侧板磨耗条及滑道，如磨耗条磨耗严重，则更换。

2. 贯通道内部杂物清理

标准工时:0.1 工时,2 人/单元。
检修对象:贯通道内部。
操作步骤及检查标准:
视贯通道内脏污程度选择吸尘器或刷子清理通道内部的杂物。

3. 折棚底部与车钩检查

检查折棚底部与车钩之间是否有阻碍。
检修对象:折棚底部,如图 5-9 所示。
操作步骤及检查标准:
检查折棚底部与车钩之间的磨耗板是否有阻碍,并且用抹布进行清洁。

4. 车钩支撑磨耗板检查

标准工时:0.1 工时,2 人/单元。
检修对象:在车钩上方承托折棚底部的一块白色塑料板,如图 5-10 所示。

图 5-9　折棚底部　　　　　　　　　图 5-10　车钩支撑磨耗板

操作步骤及检查标准:
检查车钩支撑磨耗板和磨耗板上的紧固螺钉。如果目检发现磨耗板厚度过小,应用游标卡尺测量其厚度,若磨耗板厚度小于 15mm 则需进行修理或更换。

5. 侧护板轨道检查

检查侧护板内侧的导轨及滑槽有无损坏。
检修对象:侧护板内侧的导轨及滑槽,如图 5-11 所示。
操作步骤及检查标准:
检查侧护板内侧的导轨及滑槽有无损坏,用抹布擦去导轨及滑槽上的润滑油并重新涂上新的润滑油。

6. 连接杆与铰链检查

分解通道为两半部分,检查连接杆和铰链是否有损坏、锈蚀和扭曲。

标准工时:0.1工时,2人/单元。

检修对象:在通道断开两接合面里侧,连接两接合面的连杆机构。

操作步骤及检查标准:

在分解状态下检查连接杆和铰链是否有锈蚀和扭曲,再用手操作控制连接杆的手把上下移动,观察连接杆及铰链的运行状况是否良好。

7.折棚内张力弹簧检查

检查折棚内张力弹簧的功能是否正常。

标准工时:0.1工时,2人/单元。

检修对象:在侧护板内侧紧扣通道两端折棚的弹簧件及侧护板内的弹簧件,如图5-12所示。

图5-11 侧护板内侧的导轨及滑槽

图5-12 折棚内张力弹簧

操作步骤及检查标准:

检查折棚内张力弹簧的功能是否正常,若发现张力弹簧有断裂或者弯折,则要进行更换。检查完后在弹簧上涂抹润滑油。

任务二 车钩检修

教学导航

按照车辆牵引装置的连接方式不同,车钩可分为自动车钩和非自动车钩。非自动车钩要由人工来完成车辆的连接,而自动车钩则不需要人的参与就能实现连接。城市轨道交通车辆使用的车钩基本上可分为自动车钩、半自动车钩和半永久牵引杆三种。本任务主要以自动车钩检修工艺为主体进行介绍。自动车钩位于列车端部,其电气和风路连接装置都组装在钩头上。当车辆连挂时,车钩的机械、风路、电路系统均能自动连接。解钩时,可在驾驶室控制自动解钩或采用手动解钩;电气连接器通过盖板自动关闭,主风管连接器也自动关闭。

任务目标

1. 掌握车钩的结构组成、作用。
2. 了解车钩检修工具设备的使用方法。
3. 了解车钩常见故障以及故障检修方法。

工具设备

水平尺、车钩游隙尺、袖珍防爆手电筒、纯棉布、清洁剂、特种润滑脂等。

检修工艺

一、机械车钩部分检修(相关资源见二维码35)

1. 车钩外观检查

目检所有部件,要求无异常情况,各紧固螺栓无松动,划线清晰可见。
标准工时:0.1 工时,2 人/单元。
检修对象:全自动机械车钩,如图5-13所示。

二维码35

 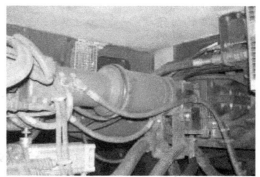

图 5-13　全自动机械车钩

操作步骤及检查标准:
目检车钩的所有部件,无异常或损坏情况,紧固件无松动,并且划线清晰,各气管紧固无漏气,接地线正常。

2. 全自动车钩过载保护冲头检查

检查所有全自动车钩过载保护冲头无异常。
检修对象及特征:过载保护冲头在机械车钩固定座后面,位于对中装置旁边,如图5-14所示。
操作步骤及检查标准:
用手电筒仔细检查车钩过载保护冲头(注意有4个)有无松动和开裂。

3. 解钩装置检查

操作手动解钩装置,检查钩锁转动是否灵活、车钩张力弹簧安装及工作状态是否正常(相关资源见二维码36)。

检修对象:手动解钩装置(见图5-15)、张紧力弹簧。

操作步骤及检查标准:

手握手动解钩装置拉手往外拉,检查钩锁转动是否灵活及车钩张紧力弹簧的工作状态是否正常。

二维码36

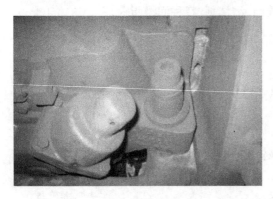

图5-14　过载保护冲头　　　　　　图5-15　手动解钩装置

4. 机械钩头维保

清洁机械钩头的表平面、外椎体和内椎体,并且对机械钩头的表平面涂油防护。

标准工时:0.5工时,2人/单元。

工具及物料:刹车盘清洁剂、AUTOL-TOP 2000。

操作步骤及检查标准:

视脏污程度选用抹布或刹车盘清洁剂清洁车钩钩头表平面、外锥体和内锥体,并用干净的抹布擦干净以上部件表面。最后在机械钩头的表平面涂上一层薄薄的指定润滑脂。

5. 清洁风管管口

检修对象及特征:风管在机械钩头表平面下方,如图5-16所示。

操作步骤及检查标准:

用干净的抹布清洁管口(切勿在风管管口涂润滑油)。

6. 可压馈变形管检查

检查可压馈变形管是否损坏,如损坏则更换;清洁可压馈变形管,检查可压馈变形管密封圈是否损坏,如损坏则更换。

检修对象:可压馈变形管及其密封圈,如图5-17所示。

操作步骤及检查标准:

清洁并检查可压馈变形管及其密封圈是否有异常损坏,如有损坏则需更换。完成检查及更换步骤后进行清洁。

项目五 贯通道及车钩检修工艺

图 5-16 车钩处风管

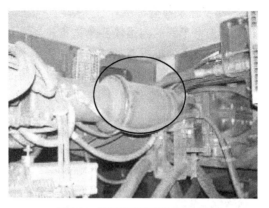

图 5-17 可压溃变形管及其密封圈

7. 车钩部件润滑保养

润滑以下部件(材料:AUTOL-TOP 2000):
(1)外锥体和内锥体的滑动表面。
(2)钩锁的各部件和中心枢轴轴承套。
(3)钩舌板及其凹槽部位。
检修对象:润滑车钩,如图 5-18 所示。
操作步骤及检查标准:
在外锥体、内锥体的滑动表面、车钩杆及钩板凹槽处、钩锁各部件和中心枢轴均匀涂上一层薄薄的 AUTL-TOP 2000 润滑剂。

8. 车钩部件清洁

清洁全自动车钩推动器、车钩推动器弹簧、行程开关,并润滑车钩推动器、车钩推动器弹簧。
工具及物料:刹车盘清洁剂、AUTOL-TOP 2000。
检修对象:位于自动车钩内的锥体,如图 5-19 所示。

图 5-18 润滑车钩
1-外锥体;2-表平面;3-凹槽;4-滑动表面;5-手动解钩装置;6-中心枢轴

图 5-19 全自动车钩清洁部分
1-车钩推进器动作杆(清洁和抹油);2-弹簧(表面用一层薄油覆盖);3-S2 行程开关(动作应良好,无卡滞);4-平口木棒(用力推位置)

75

操作步骤及检查标准：

（1）先将车钩的内锥体和车钩推进器清洁干净，必要时将车钩推进器拆下来。

（2）清洁车钩推进器的动作杆和弹簧；用平口木棒按压，看其是否有卡滞和动作不良等现象；在动作杆和弹簧表面抹一层薄薄的车钩油。

（3）手动检查 S2 行程开关，动作应良好。

9. 检查解钩风缸、风管连接处气密性是否完好（相关资源见二维码37）

二维码37

检修对象：解钩风缸，如图 5-20 所示。

操作步骤及检查标准：

用喷壶盛小量的洗洁精，再加上清水（比例为1∶99），轻摇几下，让清水和洗洁精充分融合在一起，喷向解钩风缸、风管连接处，若有气泡产生，则证明有漏气现象。

10. 车钩油脂润滑

目检自动车钩以及半永久牵引杆套筒联轴节套管（见图 5-21）的孔内是否充满油脂，如果没有则向孔内涂满油脂。

图 5-20　解钩风缸

图 5-21　套筒联轴节套管

检修对象：紧密连接车钩杆的连接件。

操作步骤及检查标准：

目检套筒联轴节下套管的孔内是否充满润滑油脂，如果没有则向孔内涂满指定润滑脂（材料：AUTOL-TOP 2000）。

二、电气车钩部分检修（相关资源见二维码38）

二维码38

1. 清洁擦干电气钩钩头操作装置的导杆

检修对象及特征：电气钩钩头在电气钩体上方，如图 5-22 所示。

操作步骤及检查标准：

用抹布清洁擦干净电气钩钩头操作装置导杆（切勿在钩头导杆处涂润滑油）。

2. 润滑电气车钩操作装置连接点和转动点

检修对象及特征：电气车钩操作装置连接点和转动点在电气车钩两侧，如图5-23所示。

图5-22　电气钩钩头操作装置导杆　　　　图5-23　电气车钩操作装置连接点和转动点

操作步骤及检查标准：
在电气车钩钩头操作装置连接点和转动点抹上黄油润滑脂。

3. 行程开关电阻测量

测量C车行程开关电阻值是否正常（10Ω以下）。

检修对象：C车全自动车钩行程开关。

操作步骤及检查标准：
测量C车驾驶室-UA-XTA 15.01的311脚与313脚之间的电阻值。

4. 电气车钩触头检查

清洁触头、绝缘块并保持干燥，目检损坏情况，如有损坏则进行更换。按压可动触头检查其功能，如影响功能则更换。

检修对象及特征：电气车钩触头位于全自动车钩机械钩头下方的电气车钩盒内部，如图5-24所示。

图5-24　电气车钩触头

操作步骤及检查标准：
用干净的干抹布逐个清洁电气钩头的电气触头以及绝缘块表面，清洁时注意力度不可过大。用干净的手指逐个按压可动触头，正常的触头会有良好弹性，按压时如果有卡滞现象则要更换新触头。按压有松动情况则拧紧触头，紧逼螺母即可。

5. 电气车钩盒外保护盖检查

清洁保护盖的内、外侧，目检保护盖，有损坏则更换。
检修对象：电气车钩盒外保护盖，如图5-25所示。

图 5-25 电气车钩盒外保护盖

操作步骤及检查标准：
用湿抹布清洁保护盖外侧，再用干抹布擦干。目检检查保护盖外观情况，用手轻轻触动保护盖，观察是否有异常松动，有损坏则更换。

6. 电气车钩连接件气密性检查

检查电气车钩电磁操作阀、解钩风缸、风管连接处气密性是否完好。

检修对象：全自动车钩机械钩侧面，如图 5-26 所示。

操作步骤及检查标准：
用喷壶盛少量的洗洁精和清水（比例为 1:99），轻摇几下，让清水和洗洁精充分融合在一起，打开 W03.01 阀，然后将泡泡水喷向五位双通阀（手动操作电磁阀至不同位置）、解钩风缸、气管连接处，看是否有气泡产生，如果有气泡，则五位双通阀漏气。

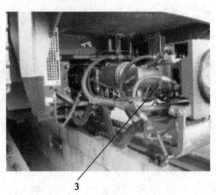

图 5-26 全自动车钩机械钩侧面
1-电磁操作阀；2-风管连接处；3-解钩风缸

三、车钩尺寸测量检查及其他维护

1. 测量车钩游隙

检修对象：车钩钩头表平面及内锥体。

操作步骤及检查标准：

测量车钩游隙，保证车钩游隙≤1.4mm，具体步骤如下：

（1）将车钩游隙尺平衡地与车钩表面轻轻贴合，游隙尺后方的 4 个支点都要紧贴车钩表面，如图 5-27 所示。

（2）当游隙尺与车钩表面贴合后，一人拉车钩手柄，另一人将游隙连杆与车钩连杆接合到一起，如图 5-28 所示。

图 5-27 车钩游隙测量（1）

(3)将棘齿手柄的力矩限值调整为200N·cm。

(4)将棘齿手柄置于车钩锁间隙卡规的螺纹心轴上,转动棘齿手柄,以调整钩板的位置,直到可以插入游隙连杆销,如图5-29所示,其测量原理如图5-30所示。

图5-28 车钩游隙测量(2)

图5-29 车钩游隙测量(3)

(5)顺时针转动棘齿手柄,将车钩锁间隙卡规置于拉力下,直至棘齿开始空转,如图5-31所示。

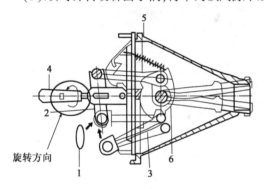

图5-30 测量原理

1-边杆端;2-钩头垫板;3-连杆;4-棘轮手柄;5-连杆;
6-钩头垫板

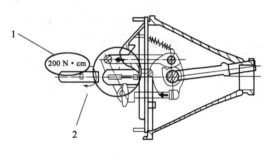

图5-31 测量操作

1-棘齿手柄的力矩限值;2-旋转方向

(6)读取车钩游隙值,如图5-32所示。

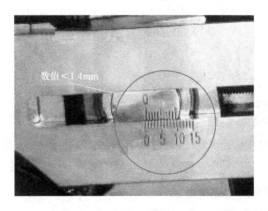

图5-32 读取数据

(7)当读取完所需的数据时,拆下游隙尺。

2. 检查车钩的水平情况

检修对象:车钩水平位。

操作步骤及检查标准:

车辆停放在平直检修股道,气压在7.0Bar以上AW0的载荷下。将水平尺水平放置在车钩的盖板上,观察水平尺的空气泡是否偏移中线,如图5-33所示。

3. 车钩杆密封性检查

检查带气液缓冲装置的车钩杆是否漏油,必要时更换该车钩杆。

检修对象:带气液缓冲装置的车钩杆,如图5-34所示。

图5-33 车钩水平检查

图5-34 带气液缓冲装置的车钩杆

操作步骤及检查标准:

检查缓冲装置的车钩杆是否有漏油现象,必要时更换该车钩杆。

图5-35 排水孔

4. 橡胶缓冲装置排水孔维护

清洁半永久牵引杆下联轴节及橡胶缓冲装置下部的排水孔。

检修对象及特征:排水孔在联轴节及橡胶缓冲装置圆柱体下部,如图5-35所示。

操作步骤及检查标准:

用干净的抹布或必要时用W40清洁下联轴节及橡胶缓冲装置下部的排水孔。

5. 车钩电缆检查

检查自动车钩及半永久牵引杆接地电缆有无松动及损坏,更换损坏的接地电缆。

检修对象:连接车钩各类接地电缆,如图5-36所示。

项目五 贯通道及车钩检修工艺

操作步骤及检查标准：

检查接地电缆有无松动及损坏，更换损坏的接地电缆。

6. 检查跳线电缆的线管

检修对象及特征：跳线电缆在车钩下部电缆接线端子盒，如图 5-37 所示。

操作步骤及检查标准：

检查跳线电缆的线管有无裂纹或膨胀等损坏，如有必要则更换该线管。

7. 安装座紧固检查

检查各安装座有无松动，如有则重新紧固。

检修对象及特征：安装座在车钩下部电缆接线端子盒，如图 5-37 所示。

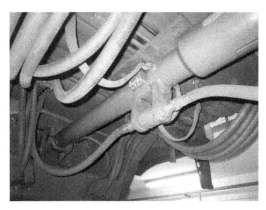

图 5-36　接地电缆

图 5-37　电缆接线端子盒

操作步骤及检查标准：

检查接线端子盒各安装座无松动，如果有松动，则重新紧固。

【课后习题】

一、填空题

1. 车辆连接装置主要包括＿＿＿＿＿和＿＿＿＿＿，通过它们使列车中车辆相互连接，实现相邻车辆之间的＿＿＿＿＿和＿＿＿＿＿。

2. 车钩缓冲装置的作用是连接列车中各车辆，使其彼此保持适当距离，并且传递和缓和列车在运行过程中的＿＿＿＿＿。

3. 按照车辆牵引装置的连接方式不同，车钩可分为＿＿＿＿＿和＿＿＿＿＿。

4. 城市轨道交通车辆使用的车钩基本上可分为＿＿＿＿＿、＿＿＿＿＿和＿＿＿＿＿三种。

二、简答题

1. 简述侧护板安装支架功能性检查的操作步骤及检查标准。
2. 简述车钩支撑磨耗板检查的操作步骤及检查标准。
3. 简述车钩部件润滑保养的操作步骤及检查标准。
4. 简述车钩部件清洁的操作步骤及检查标准。
5. 简述电气车钩连接件气密性检查的操作步骤及检查标准。
6. 简述测量车钩游隙的方法。

项目六　车门检修工艺

项目描述

　　随着城市轨道交通的发展,城市轨道交通车辆中的车门呈现出多样化的形式,但根据城市轨道交通自身的特点,对车门具有较高的要求:有足够的有效宽度;均匀分布,以方便乘客上、下车;有足够的数量,以使乘客上、下车时间满足地铁列车运行密度的要求;确保乘客的安全;具有较高的可靠性等。

　　车门作为与乘客、工作人员直接交互的结构,安全、可靠地展现其功能特性是关键。因此,对于城市轨道交通车辆的运用、检修或制造,其检修工艺至关重要。本检修工艺教学内容主要参考广州地铁三号线 B1 型车各系统修技术规程,并结合 B1 型电动车组的日常实际运营、维护及检修情况进行编制。

知识技能点

1. 驾驶室侧门的结构组成、作用。
2. 驾驶室侧门的检修方法及相关工具的使用。
3. 客室门的结构组成、作用。
4. 客室门检修方法及相关工具的使用。
5. 驾驶室的结构组成、作用。
6. 驾驶室的检修方法及相关工具的使用。

建议课时

10 学时(任务一 2 学时,任务二 8 学时)

任务一　驾驶室侧门检修

教学导航

　　城市轨道交通车辆驾驶室侧门主要用于司机及工作人员安全出入驾驶室,并能够与外部环境实现物理、热量与声音的隔离,保障司乘人员的人身安全。驾驶室侧门不适时打开,同样会对司乘人员安全和地铁运营效率造成重大影响。驾驶室侧门一般有手动折页门、内藏门、塞拉门等结构形式。驾驶室侧门位于驾驶室两侧，每侧一扇，呈对称布置。广州地铁三号线 B1 型电动车组共有 2 个驾驶室，4 个驾驶室侧门(相关资源见二维码39)。

二维码 39

任务目标

1. 掌握驾驶室侧门的结构组成、作用(相关资源见二维码40)。
2. 了解驾驶室侧门检修工具设备的使用方法。
3. 了解驾驶室侧门常见故障以及故障检修方法。

二维码 40

工具设备

抹布、刷子、橡胶保护剂、润滑油等。

检修工艺

1. 检查侧门窗户是否易于滑动及安全锁紧(相关资源见二维码41)

标准工时:0.1 小时,1 人/单元。

检修对象:驾驶室侧门窗户,如图 6-1 所示。

二维码 41

图 6-1　驾驶室侧门窗户

操作步骤及检查标准:

检查侧门窗户玻璃能否易于上下滑动及安全锁紧,且窗锁和卡槽无磨损。

2. 驾驶室侧门是否卡滞检查

检查驾驶室侧门能否正常锁闭及打开,锁舌无卡滞(用少量黄油或 AUTOL-TOP 2000 润滑),行程开关动作是否正常,触臂安装紧固无松动。

标准工时:0.2 小时,1 人/单元。

工具及物料:AUTOL-TOP 2000 润滑油、抹布、刷子、画线笔。

检修对象:驾驶室侧门把手及行程开关,如图 6-2、图 6-3 所示。

图 6-2 驾驶室侧门把手

图 6-3 驾驶室侧门行程开关

操作步骤及检查标准:

(1)要求驾驶室侧门锁锁盒螺栓紧固无松动,划线无错位,锁舌无异常磨损并有少量润滑油,行程开关紧固无松动,触发臂螺栓紧固,划线无错位。

(2)检查驾驶室侧门能否正常锁闭及打开,限位开关动作是否正常。

3. 驾驶室侧门把手锁销紧固检查

检查驾驶室侧门把手锁销无松动,确保作业完成后 C 车驾驶室侧门锁闭良好,无异常。

检修对象:驾驶室侧门锁手柄、锁销,如图 6-4 所示。

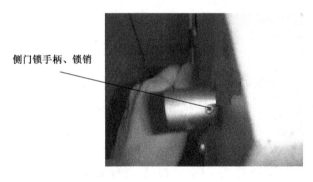

侧门锁手柄、锁销

图 6-4 驾驶室侧门锁手柄和锁销

标准工时:0.1 小时,1 人/单元。

操作步骤及检查标准:

转动侧门把手,检查动作是否顺畅,锁销有无松动或伸出。检查安装座紧固螺钉有无松动。最后紧固好把手,使之不能转动。

4. 车门防挤压橡胶条维护

车门防挤压橡胶条喷橡胶保护剂。

标准工时:0.2 小时,1 人/单元。

工具及物料：橡胶保护剂、抹布。

检修对象：车门防挤压橡胶条，如图 6-5 所示。

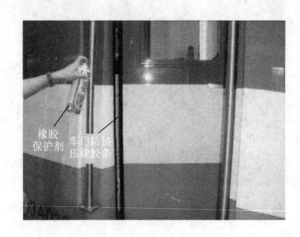

图 6-5　车门防挤压橡胶条

操作步骤及检查标准：

对车门防挤压橡胶条喷橡胶保护剂。

任务二　客室门检修

教学导航

城市轨道交通车辆，特别是地铁客室车门因数量多、操作频繁（运营中平均每 2min 就需开关门 1 次）而成为至关重要的部件。车门的结构和控制若在设计上不够安全可靠，将会影响运营，损害公司的形象，有的甚至直接危害乘客的人身安全。因此，在城市轨道交通车辆的设计制造中，都十分重视车辆客室门的安全性与可靠性。客室门按开启方式不同具有多种类型，一般有内藏嵌入式侧移门、外挂式车门、塞拉门、外摆式车门等。

任务目标

1. 掌握客室门的结构组成、作用。
2. 了解客室门检修工具设备的使用方法。
3. 了解客室门常见故障以及故障检修方法。

工具设备

抹布、毛刷、手电筒、橡胶保护剂、润滑脂、方孔钥匙等。

检修工艺

一、车门功能性检查

1. 开关门功能检查

标准工时:0.1 小时,1 人/单元。
工具及物料:方孔钥匙。
检修对象:全部客室门,如图 6-6 所示。
操作步骤及检查标准:

(1) 该作业需 2 人配合完成,1 人在驾驶室操作客室门开关门按钮时,1 人在客室观察客室门的开关门动作。

(2) 驾驶室操作人员在没按下强行开门按钮时需要先按下开门按钮,观察驾驶室车辆显示屏中车门是否打开;客室观察人员确认同一侧的所

图 6-6 客室门

有客室车是否开启,如有开启则检查故障车门的 K2 继电器。

(3) 驾驶室操作人员在按下强行开门按钮后再按下开门按钮,观察驾驶室车辆显示屏中同一侧车门是否全部打开;客室观察人员确认同一侧的所有客室门是否同时完全开启,且同一客室门的两边门页是否同步动作。

(4) 驾驶室操作人员在按下关门按钮后应有关门报警声传出,客室观察人员确认同一侧的所有客室门是否有车门报警声、是否同时开始关闭,且同一客室门的两边门页是否同步动作。客室门关好后关门报警声消失。驾驶室操作人员观察驾驶室车辆显示屏中同一侧车门是否全部关闭。

(5) 开关门时间均为 $3 \pm 0.5s$,且同一侧车门开关之间的延时小于 1s。

2. 障碍物检测

标准工时:0.1 小时,1 人/单元。
工具及物料:防夹木块($25mm \times 60mm$ 木块)。
检修对象:全部客室门。
操作步骤及检查标准:

以电气方式开关门页,在门页关闭过程中将测试物 $25mm \times 60mm$ 的木块置于门页的手指保护橡胶之间地板上方低于 400mm 的位置。当门页挤压到测试物时应该立即重新开启至完全打开状态,然后车门继续尝试关闭。重复 3 次后,车门应该完全开启,保持开门状态。橙色状态指示灯将保持点亮,车门的状态和位置在驾驶室车辆显示屏上显示(车门开启且故障)。驾驶室重新发出开门或关门命令,该车门应该恢复正常。

3. 门页平整检查

检查客室门在关闭状态下,两个门页是否平整。

标准工时：0.1小时，1人/单元。

检修对象：客室门两门页，如图6-7所示。

操作步骤及检查标准：

客室门在关闭状态下，两个门页须平整。

4. 车门指示灯状态检查

检查车门指示灯：检查车门上方橙色、红色指示灯是否指示正常。

标准工时：0.1小时，1人/单元。

检修对象：车门状态指示灯，如图6-8所示。

操作步骤及检查标准：

开关门功能检查的同时，目测检查橙色指示灯对车门状态的指示是否正常。

图6-7　客室门门页

图6-8　车门状态指示灯

5. 车门蜂鸣器功能检查

检修对象特征：蜂鸣器。

操作步骤及检查标准：

正常操作车门开关门，检查蜂鸣器是否正常。

二、车门结构性检查(相关资源见二维码42)

二维码42

1. 车门槛嵌块检查

检查客室车门挡销及门槛嵌块有无异常，并清洁门门槛嵌块导槽。

标准工时：0.1小时，1人/单元。

检修对象：车门门槛嵌块，如图6-9所示。

操作步骤及检查标准：

(1)目测嵌块安装位置正确，无变形、无翘边。

(2)用毛扫清洁门门槛嵌块内的杂物，如果门槛嵌块内附有香口胶、油漆块之类无法用毛扫清洁的杂物应用小刮刀仔细将其刮掉。

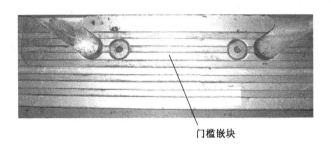

图6-9　车门门槛嵌块

2. 车门切除、紧急解锁装置检查

检查车门切除、紧急解锁装置动作正常,无卡滞。

标准工时:0.1小时,1人/单元。

工具及物料:方孔钥匙。

检修对象:切除装置、紧急解锁装置,如图6-10、图6-11所示。

 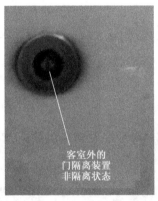 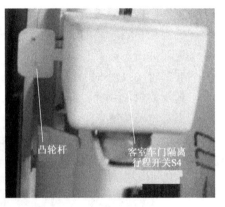

图6-10　切除装置

图6-11　紧急解锁装置

操作步骤及检查标准：

1）门切除功能

（1）将门页移动至关闭位置，用方孔钥匙顺时针转动方轴，转动到位后方轴标记为水平位置。此时车门上方红色指示灯必须长亮，驾驶室车辆显示屏显示此车门为 🔒 。切除后的车门不能通过车门开关按钮对其操作。

（2）用方孔钥匙逆时针转动方轴，转动到位后方轴标记为垂直位置。此时车门上方红色指示灯必须熄灭，驾驶室车辆显示屏显示此车门正常。恢复后的车门可以通过车门开关按钮对其操作。

2）紧急解锁功能

（1）目测检查紧急开门手柄的透明塑料盖外表完好、安装良好。

（2）目测检查紧急开门手柄是否位于水平位置。如要解锁，按顺时针方向扭转手柄，当车门紧急解锁后橙色指示灯长亮。

（3）车门紧急解锁后，该门可以手动打开和关闭。

3. 驱动单元及车门导机构检查

检查门机构铰链板上的挡卡簧装配是否正常，检查驱动单元上的夹子是否正确装配，并检查串行机构和车门导筒的卡簧有无变形脱落，对车门导筒进行外观检查无裂纹，检查机械结构与各电气部件无干涉。

标准工时：0.1 小时，1 人/单元。

工具及物料：手电筒、窥视镜。

检修对象及特征：

在每个门页上方都有一块铰链板和套在导柱上的车门导筒，铰链板由一个一个的挡卡簧装配而成，如图 6-12 所示。

图 6-12　驱动单元及车门导筒

操作步骤及检查标准：

目测铰链板整体无损伤，每个挡卡簧的装配良好，铰链板中间电缆无损伤，手动开关门页铰链板运动顺畅；目测检查导筒完好无裂纹，发现裂纹立即组织更换，各部件间无干涉摩擦。

4. 电磁制动器状态检查

检查电磁制动器状态:紧急解锁装置激活时制动器的最小齿隙应为0.5mm,车门关闭后检查两个齿形制动圈的齿面是否重新啮合好。

标准工时:0.1小时,1人/单元。

工具及物料:手电筒。

检修对象及特征:

每个车门只有一个车门制动器,车门制动器在丝杠末端,如图6-13所示。

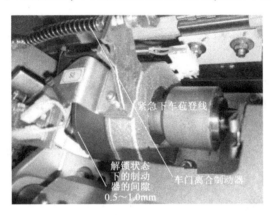

图6-13 电磁制动器

操作步骤及检查标准:

(1)检查车门制动器外表无损伤,紧固螺栓无松动。

(2)将车门紧急解锁打到解锁位置,此时目测可见车门制动器离合位之间有间隙,将塞尺放置间隙之间,测量范围应为0.5~1.0mm。当测量值在范围内时,用手开启关闭车门应听不到车门制动器齿轮摩擦声。如果测量值超出范围,则需调整紧急下车装置的波顿线。

(3)用塞尺测量车门制动器杠杆与行程开关S2滚子之间的距离为0.5~1.0mm。如果测量值超出范围,则需调整行程开关S2的位置。

(4)车门关闭后检查两个齿形制动圈的齿面是否重新啮合。

5. 客室门防挤压橡胶条维护

清洁客室门防挤压橡胶条并喷橡胶保护剂。

标准工时:0.2小时,1人/单元。

工具及物料:抹布、橡胶保护剂。

检修对象及特征:

每个门页均由橡胶条环绕,以实现客室门的环境密封,其前缘上装有专用的防挤压橡胶条,以保护它所碰到的阻挡物。这些橡胶条都是符合中国标准的阻燃型材料。

操作步骤及检查标准:

(1)检查两块客室门防挤压橡胶条是否在顶部和底部均准确结合,且结合面平整密贴。检查客室门防挤压橡胶条的按压尺寸是否为40mm。

(2)使用紧急解锁装置打开车门,用干净柔软的抹布彻底清洁橡胶表面,特别是两块防挤压橡胶条的接合部。

(3)将橡胶保护剂均匀喷在橡胶表面,两块防挤压橡胶条的接合部的凹槽部分需要多喷一点。

6. 车门电机皮带检查

检查车门电机皮带有无裂纹或断裂情况,检查电机安装螺栓有无松脱,同步带齿轮与销轴无相对转动。

标准工时:0.1 小时,1 人/单元。

工具及物料:手电筒。

检修对象及特征:一个客室门有一个直流电机,一个直流电机有一条电机皮带,如图6-14所示。

操作步骤及检查标准:

目测电机皮带表面及内侧无裂纹或断裂现象,检查皮带的张紧力是否合适。用大约20N的力施加在皮带上,皮带向内侧收缩 8～11mm 为正常。

7. 检查下滑道螺栓紧固情况

标准工时:0.2 小时,1 人/单元。

工具及物料:套筒、棘轮。

检修对象及特征:下滑道的紧固螺栓,在下滑道内侧,如图6-15 所示。

图6-14 客室门电机皮带

图6-15 下滑道紧固螺栓

操作步骤及检查标准:

用套筒紧固螺栓检查螺栓是否松动。

8. 携门架紧固螺栓扭力矫正(扭力为 $40N \times 90\%$)

标准工时:0.2 小时,1 人/单元。

工具及物料:扭力扳手。

检修对象:携门架,如图6-16 所示。

操作步骤及检查标准:

用 40N 的扭力扳手,用 36N 矫正扭力。

9. 下摆臂滚轮组件检查

标准工时:0.1 小时,1 人/单元。
工具及物料:卷尺。
检修对象:滚子摇臂,如图 6-17 所示。

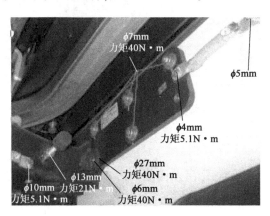

图 6-16 携门架

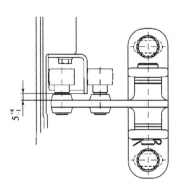

图 6-17 滚子摇臂(尺寸单位:mm)

操作步骤及检查标准:

检查下摆臂滚轮组件有无损坏,卡簧有无丢失,滚落螺栓有无松脱,有无夹持门页,滚子臂与下导轨边缘保持 4~9mm 的距离,滚子的底边缘不低于下导轨底边缘。

三、车门尺寸测量性检查

1. 检查车门 V 形是否正常,测量两门页 V 形为 2~5mm(相关资源见二维码 43)。

标准工时:0.1 小时,1 人/单元。
工具及物料:尺、方孔。
检修对象:V 形测量,如图 6-18 所示。
操作步骤及检查标准:

(1)为了减小门页因受携门架的水平力迫使 V 形非实际值,务必使携门架支架处于与地面保持铅垂的位置(一般情况下,解锁车门之后即出现此状态)。

二维码 43

(2)选择门页携门架下方 10mm 作为上基准位置,读出门页胶条两外边缘之间的距离值,记 X1。

(3)选择距离门页下滑道上方 10mm 位置作为下基准点测量,读出门页胶条两外边缘之间的距离值,记 X2。

(4)测量后,2mm≤X1-X2≤5mm,超出此范围必须进行 V 形的调整。

2. 测量门页对中情况,左右门框到车体距离差为 ±2mm

标准工时:0.2 小时,1 人/单元。
工具及物料:尺。

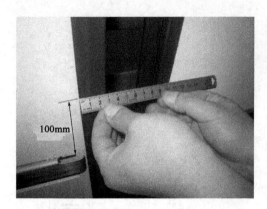 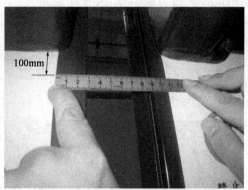

图 6-18　V 形测量

检修对象：门页。

操作步骤及检查标准：

在关门状态下分别测量左右门页至车体距离，距离差值范围为 ±2mm。

3. 测量门页摆出应在 (52 +2/ -4)mm 范围内

标准工时：0.3 小时，1 人/单元。

工具及物料：尺、梯子。

检修对象：门页摆出，如图 6-19 所示。

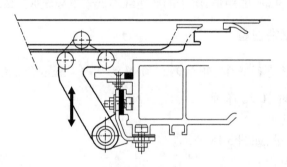

图 6-19　门页摆出

操作步骤及检查标准：

将门页移动到开门位置，用卷尺（或钢尺）测量门页外表面与车体外表面距离，应为 (52 + 2/ -4)mm。

4. 目测门页外表面与密封条平行，测量门页表面与密封条距离为 0 ~ -2mm

标准工时：0.2 小时，1 人/单元。

工具及物料：尺。

检修对象：门页平行度，如图 6-20 所示。

操作步骤及检查标准：

测量门页表面与密封条距离为 0 ~ -2mm。

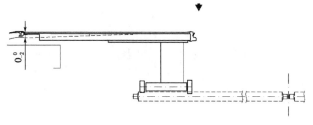

图 6-20　门页平行度

5. 在门关好的状态下检查平衡轮是否可以滚动(正常是不可以滚动的),是否已将门页压紧

标准工时:0.1 小时,1 人/单元。

工具及物料:手套。

检修对象:客室两边门页的平衡压轮,如图 6-21 所示。

操作步骤及检查标准:

客室门关好后,平衡轮应正常压着门页的凹槽部位,用手滚动平衡轮,其不能滚动。

6. 波顿线缆的弹簧长度应调整为 $(110 + 1/ - 4)$ mm

标准工时:0.1 小时,1 人/单元。

工具及物料:尺

检修对象:波顿线缆,如图 6-22 所示。

图 6-21　平衡压轮　　　图 6-22　波顿线缆(尺寸单位:mm)

操作步骤及检查标准:

测量波顿线缆的弹簧长度,长度应为 $(110 + 1/ - 4)$ mm,否则需要调整长度。

7. 挡销与嵌块尺寸检查

挡销与嵌块应保持 1～3mm 的侧间距;挡销与嵌块之间垂直间隔为 2～3mm。

标准工时:0.1 小时,1 人/单元。

工具及物料:塞尺。

检修对象:门页下方的挡销与嵌块,如图 6-23 所示。

操作步骤及检查标准:

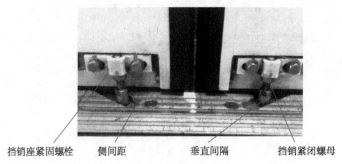

| 挡销座紧固螺栓 | 侧间距 | 垂直间隔 | 挡销紧闭螺母 |

图 6-23　下挡销

用尺子测量,挡销与嵌块应保持 1~3mm 的侧距离,2~3mm 的垂直间隔。确保门页下方的挡销与嵌块在开关门过程中无碰撞,嵌块无变形。如果尺寸不符合要求,则通过调整挡销座紧固螺栓调节挡销侧距离,通过调整挡销紧闭螺母调节垂直间隔。

8. 客室门行程开关检查

客室门 S1 行程开关滚子与杠杆触发臂之间须有可见的缝隙。

标准工时:0.2 小时,1 人/单元。

工具及物料:F 字夹钳、卷尺。

检修对象:S1 车门关闭行程开关,如图 6-24 所示。

图 6-24　S1 车门行程开关

操作步骤及检查标准:

检查 S1 车门行程开关滚子与触发臂之间存在 (1 ± 0.5) mm 的间隙,且测量 S1 间隙值为 3.5~5.2mm。

四、车门清洁与润滑

1. 丝杆清洁

清洁丝杆,检查丝杆无弯曲、卷边情况,并重新润滑。

标准工时:0.3 小时,1 人/单元。

工具及物料:抹布、Klueber Isoflex LDS 18 Special A 润滑脂、刷子。

检修对象:客室门丝杆,如图 6-25 所示。

图 6-25　客室门丝杆

操作步骤及检查标准：

(1) 使用紧急解锁装置打开车门，使用一块干净的抹布清洁丝杆上的污渍和旧润滑脂。

(2) 检查丝杆的弯曲、卷边情况。

(3) 使用 Klueber Isoflex LDS 18 Special A 润滑脂对包括中心支承在内的丝杆的全长进行润滑。

(4) 使用一个刷子涂抹润滑脂，注意要均匀涂抹，不可将润滑脂层涂抹得很厚，一般涂抹整个丝杆只需 4~6g 润滑脂即可。在润滑之后，应手动关闭和开启门页 2~3 次。

2. 上滑道清洁

清洁上滑道并重新润滑。

标准工时：0.3 小时，1 人/单元。

工具及物料：抹布、Klueber Isoflex LDS 18 Special A 润滑脂、刷子。

检修对象：客室门上滑道，如图 6-26 所示。

图 6-26　客室门上滑道

操作步骤及检查标准：

使用紧急解锁装置打开车门，用一块干净的抹布清洁上滑道内壁和滚轮上的污渍和旧润滑脂。使用 Klueber Isoflex LDS 18 Special A 润滑脂对上滑道内壁和滚轮的整个圆周进行润滑。使用一个刷子涂抹润滑脂，注意要均匀涂抹，不可将润滑脂层涂抹得很厚，一般整个润滑过程只需 4~6g 润滑脂即可。在润滑之后，应手动关闭和开启门页 2~3 次。

3. 长导柱清洁润滑

清洁长导柱,检查导柱有无干涉生锈情况,并重新润滑。

标准工时:0.2 小时,1 人/单元。

工具及物料:抹布、Klueber Isoflex LDS 18 Special A 润滑脂、刷子。

检修对象:客室门长导柱,如图 6-27 所示。

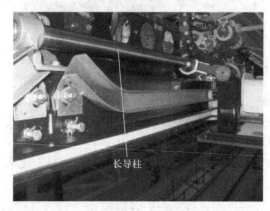

图 6-27　客室门长导柱

操作步骤及检查标准:

使用紧急解锁装置打开车门,使用一块干净的抹布清洁长导柱上的污渍和旧润滑脂。检查整个长导柱,确保其没有损坏。使用 Klueber Isoflex LDS 18 Special A 润滑脂对长导柱进行润滑。使用一个刷子涂抹润滑脂。在润滑之后,应手动关闭和开启门页 2~3 次。涂抹润滑脂时注意要均匀涂抹,不可将润滑脂层涂抹得很厚,一般整个润滑过程需 4~6g 润滑脂即可。

4. 直线轴承保养

对直线轴承补加润滑脂。

标准工时:0.2 小时,1 人/单元。

工具及物料:抹布、Klueber Isoflex LDS 18 Special A 润滑脂、刷子。

检修对象:客室门直线轴承,如图 6-28 所示。

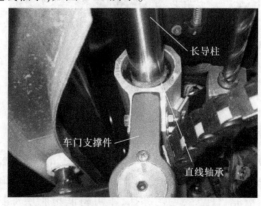

图 6-28　客室门直线轴承

操作步骤及检查标准：

使用紧急解锁装置打开车门,使用一块干净的抹布清洁长导杆上的污渍,使用 Klueber Isoflex LDS 18 Special A 润滑脂 4~6g。在润滑之后,应手动关闭和开启门页 2~3 次。

5. 清洁、润滑上下导轨滚子及平衡压轮

标准工时:0.3 小时,1 人/单元。

工具及物料:抹布、Klueber Isoflex LDS 18 Special A 润滑脂、刷子。

检修对象:润滑滚子,如图 6-29 所示。

上导轨滚子　　　　　　　　上导轨滚子　　　　　　　　平衡压轮

图 6-29　润滑滚子

操作步骤及检查标准：

用干抹布擦干净上下导轨滚子、平衡压轮,用润滑脂润滑滚子及压轮的内圈,使之转动顺畅。

【课后习题】

一、填空题

1. 驾驶室侧门一般有_____、_____、_____等结构形式。
2. 客室门按开启方式不同具有多种类型,一般有_____、_____、_____和_____等。

二、选择题

1. 车门有效净高度不应低于(　　)m。
    A. 1.8　　　　　　B. 1.9　　　　　　C. 2.0　　　　　　D. 2.2
2. 车门的供电电压是(　　)。
    A. DC110V　　　　B. DC120V　　　　C. DC360V　　　　D. DC1800V

三、简答题

1. 简述驾驶室侧门是否卡滞、检查的操作步骤及检查标准。

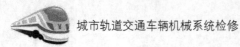

2. 简述车门功能性检查的操作步骤及检查标准。
3. 简述障碍物检测的操作步骤及检查标准。
4. 简述车门切除、解锁装置检查的操作步骤及检查标准。
5. 简述车门尺寸测量的操作步骤及检查标准。
6. 简述长导柱清洁润滑的操作步骤及检查标准。

项目七　转向架检修工艺

项目描述

转向架是车辆的主要组成部分之一,它用来传递各种载荷,并利用轮轨间的黏着来保证牵引力的产生,其主要作用有:

(1)承载。承担车体、安装在车体内的各种机械、电气设备以及运载对象的重量,并把这些重量经弹簧悬挂装置传递到钢轨上。

(2)传力。传递牵引力和制动力,把产生的牵引力和制动力经牵引装置传递到车体底架,气候传递给车钩,实现对列车的牵引和制动,并传递离心力等横向力。

(3)缓冲。在车辆运行中缓和线路对车辆的冲击,保证车辆运行的平稳性。

(4)导向。引导车辆顺利地通过曲线和道岔,保证车辆在曲线上安全运行。

转向架结构性能的好坏,直接影响车辆牵引能力、运行品质、轮轨磨耗和列车的安全。因此熟练掌握转向架的日常保养工艺流程对于地铁车辆的运营稳定与安全有着至关重要的作用。

知识技能点

1. 转向架的结构组成及各部分的作用。
2. 转向架检修相关工具的使用。
3. 转向架各部件的检修工艺。

建议课时

10 学时(任务一 3 学时,任务二 3 学时,任务三 2 学时,任务四 2 学时)

任务一　轮　对　检　修

教学导航

轮对由一根车轴和两个车轮压装成一体。在车辆运行过程中,车轮和车轴一同回转。轮对承受着车辆的全部重量,且承受着车辆在轨道上运行时来自车体和钢轨的其他各种作用力。

轮对的质量直接影响列车运行安全,因此对车轴和车轮的组装压力和压装过程有着严格的要求,轮对内侧距必须保证在(1353±3)mm的范围以内。为保证轮轴在装配后形成规定的压装力,装配后应进行反向压力检验。轮对组成后,需逐个进行动平衡试验,超出限度时,需对两侧车轮及制动盘的组装相位角进行调整。

任务目标

1. 掌握轮对的结构组成、作用(相关资源见二维码44)
2. 了解轮对检修工具设备的使用方法。
3. 了解轮对常见故障以及故障检修方法。

二维码44

工具设备

电筒、抹布、油漆笔、清洁剂、38件套、扭力尺等。

检修工艺

二维码45

二维码46

一、车轮检修(相关资源见二维码45)

1. 车轮外观检修(相关资源见二维码46)

检查轮轴配合有无错位,车轮踏面及轮缘磨耗是否均匀,轮对表面是否完好无擦伤(擦伤标准:深度>0.5mm,长度>30mm)。

标准工时:0.1小时,2人/节车。

工具及物料:电筒、抹布、油漆笔、清洁剂。

检修对象:车轮的轮轴、车轮踏面、轮缘、轮对表面,如图7-1所示。

操作步骤及检查标准:

持手电筒目测检查轮轴弛缓线有无错位,确认车轮踏面、轮缘表面完好无擦伤。擦伤标准:深度大于0.5mm,长度大于30mm。

图7-1 轮轴、踏面、轮缘

项目七　转向架检修工艺

2. 车轮参数检修（相关资源见二维码47）

测量轮对踏面直径、轮缘厚度、轮缘高度、轮对内侧距。

标准工时：3小时，2人/单元。

工具及物料：轮缘尺、踏面直径、标准圆、轮对内侧距尺、抹布。

检修对象：车轮的轮对踏面直径、轮缘厚度、轮缘高度、轮对内侧距参数测量，如图7-2所示。

二维码47

a）用轮距尺测量轮对内侧距

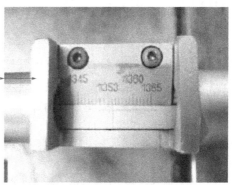

b）轮距尺的读取

c）用轮缘尺测量轮高、轮厚

d）轮缘尺的读取

e）用轮径尺测量轮缘直径

f）轮径尺的读取

图7-2　轮对数据的测量

操作步骤及检查标准：

测量轮缘厚度和轮缘高度、踏面直径。轮缘厚度应>27mm,轮径值应>770mm,同一轴轮径差<2mm,同一转向架车轮径差<7mm,同一节车4根轴轮径差<15mm。测量轮对内侧距(1353+3/0)mm。检查车轮踏面及轮缘是否属正常磨损,轮对表面完好无擦伤(擦伤标准:深度>0.5mm,长度>30mm),径向圆跳动手工测量≥5mm 安排上镟床复测,镟床复测径向圆跳动≥0.35mm 进行镟轮处理。

二、轴箱与齿轮箱检修（相关资源见二维码48）

1.轴箱外观检查

检查轴箱有无裂纹、损伤、脱漆、锈蚀，螺栓、螺母无松动，轴箱有无油脂泄漏的现象,T形块紧固螺栓有无松动。

标准工时:0.1 小时,2 人/节车。

工具及物料:电筒、抹布、油漆笔、清洁剂、38 件套、扭力尺。

检修对象:轮对轴箱、T形块,如图7-3 所示。

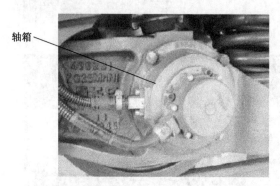
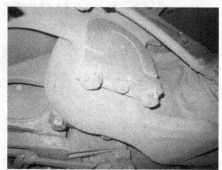

图7-3 轮对轴箱、T形块的检查

操作步骤及检查标准：

持手电筒目测检查轴箱,确认无裂纹、损伤、脱漆、锈蚀、无润滑油脂渗漏,螺栓、螺母无松动。

2.齿轮箱密封性检查

检查齿轮箱外观有无异常,安装是否紧固,有无润滑油渗漏。齿轮箱上方和侧面窥视孔盖紧固螺栓有无松动。清洁齿轮箱外表面油污,检查润滑油有无发黑及油面高度,润滑油不足则补充润滑油(Mobil Synthetic Gear Oil 75W-90)至规定高度。检查迷宫盖上排水孔是否堵有灰尘和污物。

标准工时:0.1 小时,2 人/节车。

工具及物料:电筒、抹布、油漆笔、清洁剂、38 件套、扭力尺。

检修对象及特征:动车转向架上都有2 个齿轮箱,齿轮箱安装在轮对的滚柱轴承上,通过联轴节与牵引电机连接在一起,如图7-4 所示。

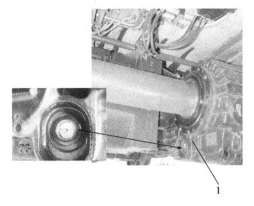

图 7-4　齿轮箱
1-出油口;2-注油口

操作步骤及检查标准:

持手电筒目测检查齿轮箱外观无异常,无润滑油渗漏。端盖螺栓和窥视孔盖螺栓紧固无松动,清洁齿轮箱外表面油污。检查润滑油无发黑及油面高度,润滑油不足则补充润滑油(Mobil Synthetic Gear Oil 75W-90)至规定高度。检查迷宫盖上排水孔是否堵有灰尘和污物。

3. 更换齿轮箱润滑油

标准工时:3 小时,2 人/单元。

工具及物料:电筒、抹布、油漆笔、润滑油(Mobil Synthetic Gear Oil 75W-90)、清洁剂、58 件套、扭力尺、铁丝。

检修对象及特征:齿轮箱润滑油可通过注油口、排油口进行加油、排油。

操作步骤及检查标准:

润滑油型号 Mobil Synthetic Gear Oil 75W-90,要求在热油温状态下更换。步骤如下:

(1)取下注油口螺栓。

(2)小心取下出油口螺栓,用胶桶接住流出的废油,小心废油烫手及溢出桶外。

(3)等废油排尽后,用抹布清洁干净出油口螺栓磁塞上的铁屑。

(4)用量杯按 4.25L 油量注入新润滑油。

(5)更换新的注油口螺栓紫铜垫圈后上紧注油口螺栓至规定扭力。

(6)观察油标窗口油量是否在正常油位,用抹布擦干出油口及注油口溢出的油脂并划线。

4. 齿轮箱吊杆检查(相关资源见二维码49)

齿轮箱吊杆无损坏、裂纹、腐蚀和生锈,螺栓、螺母紧固无松动。

标准工时:0.1 小时,2 人/节车。

工具及物料:电筒、抹布、油漆笔、清洁剂、38 件套、扭力尺。

检修对象及特征:动车转向架上都有 2 根齿轮箱吊杆,分别与每个齿轮箱连接在构架上,位于齿轮箱的内侧面,如图7-5所示。

操作步骤及检查标准:

二维码49

持手电筒目测检查齿轮箱吊杆连接紧固、无损坏、无裂纹、无腐蚀和生锈,螺栓、螺母紧固无松动。

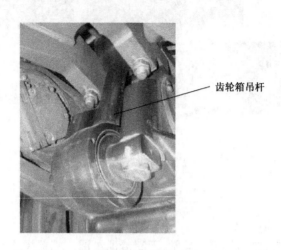

图 7-5 检查齿轮箱吊杆

任务二　构架及弹性悬挂装置检修

教学导航

构架是转向架的骨架,用以连接转向架各组成部分和传递各方向的力,并用来保持车轴在转向架内的位置(如车轴互相平行并垂直于构架纵线轴)。

列车在轨道上运行时,将伴随产生复杂的振动现象。为了减小有害的列车冲击,车辆必须设有缓和冲击和衰减振动的装置,即弹性悬挂装置。弹性悬挂装置的作用主要体现在两个方面:一是使车辆的质量及载荷比较均衡地传递给各车轴,并使车辆在静载荷状态下车钩高度满足规定的要求,以保证车辆的正常连挂;二是衰减因线路不平顺、轨缝、道岔、钢轨磨耗和不均匀下沉以及因车轮不圆、轴径偏心等因素引起的车辆振动和冲击。

任务目标

1. 掌握构架、一系悬挂装置的检修方法。
2. 了解掌握二系悬挂装置的检修方法。
3. 了解掌握空气弹簧常见故障以及故障检修方法。

工具设备

电筒、抹布、油漆笔、清洁剂、38 件套、扭力尺等。

检修工艺

一、构架与一系悬挂装置检修(相关资源见二维码50)

1. 构架外观检查

检查构架是否损坏,有无锈蚀和裂纹,构架上各安装件安装是否牢靠。各个支架及二级防护装置是否完好无断裂。

二维码50

标准工时:0.5小时,2人/节车。

工具及物料:电筒、抹布、油漆笔、清洁剂、38件套、扭力尺。

检修对象:转向架构架(见图7-6)连接了轮对、轴箱、减震装置、牵引拉杆、单元制动器、牵引电机和齿轮箱(动车转向架)、高度调整阀、速度传感器、接地装置等。

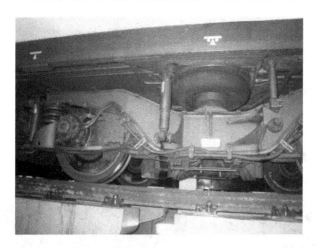

图7-6 转向架构架

操作步骤及检查标准:

持手电筒目测检查转向架构架是否损坏,有无锈蚀和裂纹,构架上各安装件安装是否牢靠。各个支架及二级防护装置完好无断裂。重点观察构架上有焊接的拐角位,这些地方是产生裂纹的集中点。必要时用抹布擦净检查。

2. 一系弹簧组件检查

检查一系弹簧组件(包括一系螺旋弹簧组件、一系橡胶弹簧和轴箱止挡)有无变形和裂纹,紧固件有无松动。

标准工时:0.1小时,2人/节车。

工具及物料:电筒、抹布、油漆笔、清洁剂、38件套、扭力尺。

检修对象:一系弹簧组件,如图7-7所示。

操作步骤及检查标准:

持手电筒目测检查一系弹簧组件,确保无变形、无裂纹,紧固件无松动。

图 7-7 一系弹簧组件

1—一系螺旋弹簧组;2—轴箱止挡

二、二系悬挂装置检修(相关资源见二维码 51)

1. 空气弹簧外观检查(相关资源见二维码 52)

检查空气弹簧:空气弹簧有无异常变形,气囊有无损伤破裂,紧急弹簧有无变形、沉降。

标准工时:0.1 小时,2 人/节车。

工具及物料:电筒、抹布、油漆笔、清洁剂、38 件套、扭力尺。

检修对象及特征:分布在转向架两侧各一个空气弹簧,如图 7-8 所示。

操作步骤及检查标准:

持手电筒目测检查空气弹簧,确保空气弹簧无异常变形,气囊无损伤破裂,紧急弹簧无变形、无沉降。

二维码 51

二维码 52

图 7-8 空气弹簧

2. 二系悬挂提升止挡外观检查

二系悬挂提升止挡(整体起吊装置):检查二系悬挂提升止挡钢丝绳,有无断股或者锈蚀等异常情况,开口销有无变形和松动,连接件是否紧固。

标准工时:0.1 小时,2 人/节车。

工具及物料:电筒、抹布、油漆笔、清洁剂、38 件套、扭力尺、黄油。

检修对象及特征:二系悬挂提升止挡安装在转向架构架的横梁上以及转向架连接组件的

托架上,如图7-9所示。

操作步骤及检查标准:

持手电筒目测检查二系悬挂提升止挡,确保钢丝绳无断股及锈蚀,开口销无变形和松动,连接件紧固。

3. 空气弹簧高度检查

测量空气弹簧充气是否在高度(25±4)mm范围内。

标准工时:0.1小时,2人/节车。

工具及物料:电筒、抹布、油漆笔、清洁剂、38件套、绝缘胶布、钢直尺、扭力尺。

检修对象:测量空气弹簧充气高度,如图7-10所示。

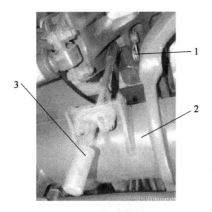

图7-9 二系悬挂提升止挡
1-开口销;2-横梁;3-二系悬挂提升止挡

图7-10 空气弹簧充气高度调整装置

操作步骤及检查标准:

在气压大于7bar且处于AWO的状态下,使用钢直尺测量二系垂向减振器上部至红色胶带距离为空气弹簧充气高度,标准为(25±4)mm,否则将进行调整。用清水清洗空气弹簧。

任务三 牵引及减震装置检修

教学导航

牵引装置主要用于传递牵引力。减震装置主要用于衰减和缓冲冲击力,从而增加车辆行驶的平稳性。本任务主要介绍牵引杆、牵引杆座等牵引装置的检修工艺以及减振器、横向止挡、橡胶减振器等设备的检修工艺。

任务目标

1. 掌握牵引和减震装置的结构组成、作用。
2. 了解牵引和减震装置检修工具设备的使用方法。

3. 了解牵引和减震装置常见故障以及故障检修方法。

工具设备

电筒、抹布、油漆笔、清洁剂、38件套、扭力尺等。

检修工艺

一、牵引杆与牵引杆座检修（相关资源见二维码53）

1. 牵引杆外观检查

有无损伤、锈蚀和裂纹，安装是否牢靠，螺栓、螺母有无松动。

标准工时：0.1小时，2人/节车。

工具及物料：电筒、抹布、油漆笔、清洁剂、38件套、扭力尺。

检修对象及特征：每个转向架都有一个牵引杆，位置在车体底部，转向架的中间。它连接着车体与构架，如图7-11所示。

二维码53

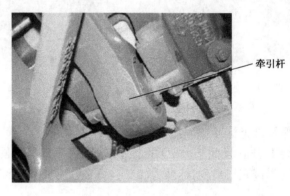

图7-11 牵引杆

操作步骤及检查标准：

持手电筒目测检查牵引杆安装连接有无异常情况。牵引杆：无损伤、锈蚀和裂纹，安装牢靠，螺栓、螺母划线清晰可见，无错位。牵引杆橡胶关节任一橡胶层上的表面橡胶无裂纹（当实向裂纹深度超过10mm或空向裂纹长度超过60mm时，必须更换）。

2. 牵引杆座外观检查

检查牵引杆座（见图7-12）有无损坏和腐蚀，牵引杆座上的牵引拉杆、二系起吊止挡、横向减振器、车体底架连接的安装孔有无损坏。

标准工时：0.1小时，2人/节车。

工具及物料：电筒、抹布、油漆笔、清洁剂、38件套、扭力尺。

检修对象及特征：牵引杆座由一个铸件构成，是与车体连接的承载支架，与牵引拉杆、二系起吊止挡和横向减振器的一端相连。它位于车体底部，转向架的上方。

图 7-12 牵引杆座
1-牵引拉杆;2-牵引杆座;3-二系起吊止挡

操作步骤及检查标准:

持手电筒到车底转向架底部观察,确认牵引杆座无损坏和腐蚀,牵引杆座上的牵引拉杆、二系起吊止挡、横向减振器、车体底架连接的安装孔无损坏。

二、减振器、横向止挡和橡胶减振器检修(相关资源见二维码54)

1. 减振器外观检查

减振器(横向、一系垂向和二系垂向):外表是否完好,有无润滑油泄漏,检查螺栓、螺母紧固件有无松动。

标准工时:0.1 小时,2 人/节车。

工具及物料:电筒、抹布、油漆笔、清洁剂、38 件套、扭力尺。

二维码54

检修对象及特征:每个转向架都配有一个二系横向减振器,两个二系垂向减振器,四个一系垂向减振器。拖车和动车转向架上减振器的布置完全相同。它们的位置分别是:二系横向减振器在车体底部,二系悬挂提升止挡旁边,它连接着构架和车体底部。两个二系垂向减振器在转向架两旁的中间,空气弹簧面前。它连接着构架和车体外侧。四个一系垂向减振器在车转向架一轴和二轴的两端,在螺旋弹簧旁边,如图7-13所示。

图 7-13 横向、二系垂向和一系垂向减振器

操作步骤及检查标准:

持手电筒目测检查横向减振器、一系垂向减振器和二系垂向减振器,外表完好,无润滑油

渗漏,检查紧固件无松动,划线清晰可见。

2. 横向止挡和橡胶减振器检查

检查横向止挡和橡胶缓冲器安装是否完好,有无松动和损坏。

标准工时:0.1 小时,2 人/节车。

工具及物料:电筒、抹布、油漆笔、清洁剂、38 件套、扭力尺。

检修对象及特征:每个转向架共有两个横向止挡和橡胶缓冲器,位于转向架底部两根横梁中间,靠近空气弹簧的地方,如图 7-14 所示。

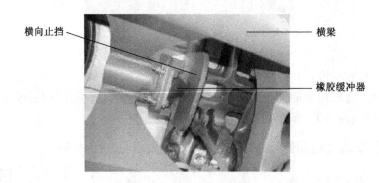

图 7-14　横向止挡

操作步骤及检查标准:

持手电筒目测检查横向止挡和橡胶缓冲器安装完好,无松动、无损坏。

任务四　其他装置检修

教学导航

辅助装置作为城市轨道交通车辆的一部分,在城市轨道交通车辆运行过程中起着重要作用,如抗侧滚扭力杆、联轴节、高度阀和联杆等。本任务主要介绍了六种常见的城市轨道交通车辆辅助装置的检修工艺。

任务目标

1. 掌握抗侧滚扭力杆与联轴节的检修方法。
2. 了解掌握高度阀、BCU 和 ATC 速度传感器的检修方法。
3. 了解接地装置检修常见故障以及故障检修方法。
4. 掌握 ATC 固定支架和固定横梁常见故障的检修方法。

工具设备

电筒、抹布、油漆笔、清洁剂、38 件套、扭力尺等。

检修工艺

一、抗侧滚扭力杆与联轴节检修

1. 抗侧滚扭力杆检修(相关资源见二维码55)

检查扭力杆和连杆有无损伤和裂纹,螺栓、螺母有无松动,轴承套有无裂纹,检查紧固件有无松动。

标准工时:0.1小时,2人/节车。

工具及物料:电筒、抹布、油漆笔、清洁剂、38件套、扭力尺。

二维码55

检修对象及特征:转向架上的抗侧滚扭力杆组件由连杆、扭力杆、轴承箱组成。如图7-15所示。

操作步骤及检查标准:

持手电筒目测检查扭力杆与连杆无损伤和裂纹,轴承套无裂纹,检查紧固件无松动。

2. 联轴节检修

有无润滑油脂渗漏,螺栓、螺母有无松动。

标准工时:0.1小时,2人/节车。

工具及物料:电筒、抹布、油漆笔、清洁剂、38件套、扭力尺。

检修对象及特征:动车转向架都配备有2个联轴节,位于转向架底部,连接着电机和齿轮箱小齿轮,如图7-16所示。

图7-15 抗侧滚扭力杆　　　　　　　　图7-16 转向架联轴节

操作步骤及检查标准:

持手电筒目测检查联轴节有无润滑油脂渗漏,12颗螺栓、螺母无松动,划线清晰可见,无错位。

二、高度阀和连杆外观检修、BCU和ATC速度传感器检修

1. 高度阀和连杆外观检修

检查各连接件安装是否完好、有无异常松动,检查连杆装置的可移动性,是否缺乏柔性,润

滑球形接头。

标准工时:0.1小时,2人/节车。

工具及物料:电筒、抹布、油漆笔、清洁剂、WD40、38件套、扭力尺。

检修对象及特征:每个转向架上配有一个高度阀,位置在车底,连杆与构架之间。如图7-17所示。

操作步骤及检查标准:

持手电筒目测检查高度阀和连杆各连接件安装完好,无异常松动,扭臂无变形,螺栓、螺母划线清晰可见,无错位。

2. BUC 和 ATC 速度传感器检修

检查 BCU 和 ATC 速度传感器及其电缆连接是否完好,有无腐蚀和损坏,螺栓、螺母有无松动。

标准工时:0.1小时,2人/节车。

工具及物料:电筒、抹布、油漆笔、清洁剂、38件套、扭力尺。

检修对象及特征:BCU 速度传感器分别位于 A、C 车一轴、三轴的右边轴端,二轴、四轴的左边轴端。ATC、BCU 速度传感器则位于 B 车一轴、三轴的右边轴端,二轴、四轴的左边轴端。传感器是每轴间对角安装设计,如图7-18所示。

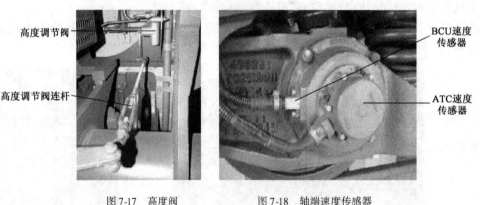

图7-17　高度阀　　　　图7-18　轴端速度传感器

操作步骤及检查标准:

持手电筒目测检查转向架两侧 BCU 和 ATC 速度传感器,确认传感器及其电缆连接完好,无腐蚀和损坏,螺栓、螺母无松动。

三、接地装置检修

1. 接地装置外观及紧固检修

检查螺栓有无松动,端盖有无缺失。检查保护罩有无裂纹,线缆是否完好无损坏。

标准工时:0.1小时,2人/节车。

工具及物料:电筒、抹布、油漆笔、清洁剂、38件套、扭力尺。

项目七 转向架检修工艺

检修对象及特征:接地装置为轴端接地回路单元,动车转向架和拖车转向架的每个轮对上各安装有一个轴端回路接地单元,它们位于 A 车、B 车、C 车一轴,三轴的左边轴端,二轴、四轴的右边轴端。车体及转向架的安全接地由接地电缆布置提供,电机机箱连接到转向架构架的电缆进行接地,如图 7-19 所示。

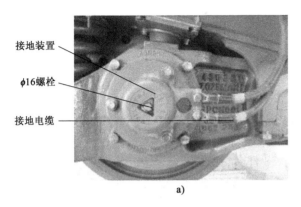
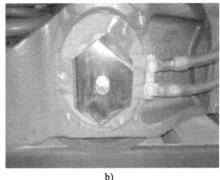

图 7-19 接地碳刷及其保护罩

操作步骤及检查标准:

持手电筒观察两侧轴端接地碳刷,确保接地装置及其电缆连接完好,无腐蚀和损坏,螺栓螺母无松动。检查保护罩有无裂纹。

2. 接地碳刷拆解检修

标准工时:6 小时,2 人/单元。

工具及物料:电筒、抹布、油漆笔、清洁剂、38 件套、扭力尺、内卡尺、钢直尺。

检修对象及特征:接地碳刷由端盖、碳刷头及安装支架等组成,需定期拆解检查碳刷磨耗。如图 7-20 所示。

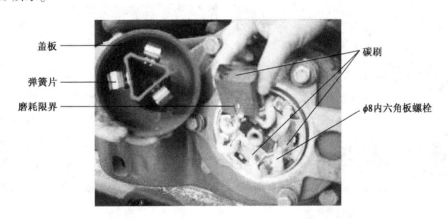

图 7-20 接地碳刷

操作步骤及检查标准:

清洁接地碳刷,检查碳刷头磨耗程度,如磨损到限度则要更换碳刷。更换程序:用尖嘴钳将耳垫片松开,用φ16套筒扳手旋开螺栓,取出盖板和压力单元,因为有三个弹簧片顶着盖板,所以松开盖板时应缓慢,取出盖板之后用φ8内六角扳手旋开紧固碳刷电缆的内六角螺栓,此时小心取出碳刷,观察是否到磨耗限界,如到极限则要更换新件。装上新件后,用扭力尺把接线电缆的内六角螺栓用6.5N扭力上紧。之后把盖板按原位缓慢盖好,用扭力尺把螺钉用35N扭力上紧。

四、ATC固定支架和固定横梁检修

1. ATC固定支架检修

检查ATC固定支架、ATC支架固定横梁外观是否完好无裂纹。
标准工时:0.1小时,2人/节车。
工具及物料:电筒、抹布、油漆笔、清洁剂、38件套、扭力尺。
检修对象:B车转向架上安装的ATC固定支架、ATC支架固定横梁,如图7-21所示。
操作步骤及检查标准:
持手电筒目测检查ATC固定支架、ATC支架固定横梁外观完好无裂纹。重点检查焊接部位,此部位容易出现裂纹。

2. 天线及传感器检修

目测检查接收天线、发射天线及接近传感器各紧固件安装是否完好无松动。
标准工时:0.1小时,2人/节车。
工具及物料:电筒、抹布、油漆笔、清洁剂、38件套、扭力尺。
检修对象:B车转向架上的ATC固定支架安装有接收天线、发射天线及接近传感器,如图7-22所示。

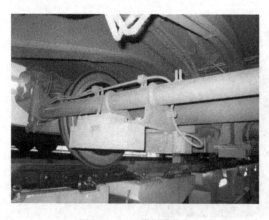
图7-21 ATC横梁的检查

图7-22 天线支架

操作步骤及检查标准:
持手电筒目测检查ATC固定支架是否安装有接收天线、发射天线及接近传感器各连接件安装是否完好紧固。

【课后习题】

一、选择题

1. 转向架由轮对与轴箱装置、(　　)、构架、中央牵引装置、驱动系统组成。
   A. 缓冲装置　　　　　　　　　　B. 弹性悬挂装置
   C. 制动装置　　　　　　　　　　D. 安装装置
2. 转向架按轴箱定位方式分为拉板式定位、拉杆式定位、(　　)与层叠式橡胶弹簧定位。
   A. 转向式定位　　　　　　　　　B. 回转式定位
   C. 转臂式定位　　　　　　　　　D. 拉环式定位
3. 转向架的主要功能有(　　)。
   A. 支撑车体、传递载荷　　　　　B. 使车辆顺利通过曲线
   C. 传递牵引力　　　　　　　　　D. 传递制动力
4. 下列属于牵引装置主要零部件的选项有(　　)。
   A. 横向缓冲器　　　　　　　　　B. 中心销
   C. 牵引梁　　　　　　　　　　　D. 横向减振器

二、填空题

车轴和车轮的组装压力与压装过程有着严格的要求,轮对内侧距必须保证在_____ mm 的范围以内。

三、简答题

1. 简述车轮参数检测的操作步骤及检查标准。
2. 简述齿轮箱密封性检查的操作步骤及检查标准。
3. 简述牵引杆与牵引杆座检查的操作步骤及检查标准。
4. 简述空气弹簧高度检查的操作步骤及检查标准。
5. 简述接地碳刷拆解检查的操作步骤及检查标准。

项目八　车辆空调检修工艺

项目描述

城市轨道交通车辆因乘客拥挤、空气污浊,必须设有通风装置,一般采用机械通风。在地面高架运行并运行在较冷地区的车辆,设有电热器,一般由供电线路直接供电。为改善乘客的舒适度,现代城市轨道交通车辆一般都设有空调装置。从技术角度来看,车辆的空气调节是车辆的一项极其关键的技术之一,是现代城市轨道交通车辆先进技术的重要体现(相关资源见二维码56)。

二维码56

本项目内容主要参考SIEMENS车辆制造商提供的《司机操作手册》和《维修手册》、B1型电动车各系统修技术规程,并结合B1型电动车组的日常实际运营、维护及检修情况进行编制。学生通过本项目内容的学习,能够熟悉空调系统的相关原理、操作规程及相关标准,熟练掌握并严格执行本工艺的各项规定。

知识技能点

1. 车辆空调零部件的清洁与更换方法。
2. 空调机组主要部件的检修。
3. 空调辅助部件的检查与维修。

建议课时

6学时(任务一2学时,任务二2学时,任务三2学时)

任务一　车辆空调零部件的清洁与更换

教学导航

制冷系统的设备因运动部件的磨损、腐蚀、结垢、震动、疲劳等会逐渐丧失其原有的工作性能。工作人员对系统内的设备必须进行必要的维护和保养,以延长其使用寿命和修理周期。因此,认真地维护保养确保各设备长期正常运行才能充分发挥其最大的经济效益。

系统在运行过程中,故障的产生必然有其先兆和起因。先兆可以通过工作人员的听、看、

项目八 车辆空调检修工艺

闻、摸等手段察觉,并对一些不正常的现象进行正确的分析处理,以避免故障的产生和失控。产生故障的原因除了自然磨损、腐蚀、结垢、损坏之外还有操作不当、维护保养不当。因此,操作人员进行系统化的维护保养岗前技术培训对车辆空调的正常运行、减少维修费用和配件库存量等是非常必要的(相关资源见二维码57)。

二维码57

任务目标

1. 了解掌握城市轨道交通车辆空调的结构组成、作用。
2. 掌握空调机组空气过滤芯、空调机组的清洗方法。
3. 熟练掌握清洁新风门、温度传感器的维护保养方法。
4. 掌握蒸发器、清洁窥视镜、排废口等部件的清洁维护保养方法。

工具设备

空调滤网棉、电筒、78#方孔钥匙、肥皂水等。

1. 更换混合空气过滤网滤芯

清洁混合空气过滤网框架;清洁新风金属过滤网,如有损坏则更换。

标准工时:0.2小时,1人/单元。

工具及物料:空调滤网棉、电筒、78#方孔钥匙、肥皂水、挡水板、高压水枪、电源插排等。

检修对象:空气混合滤芯,如图8-1所示。

放下时注意混合空气过滤网的箭头方向指向空调蒸发器,如图8-2所示。

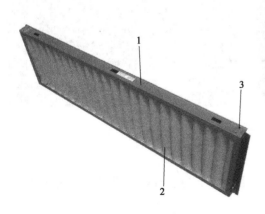

图8-1 空气混合滤芯
1-构架;2-空气过滤器;3-平顶螺钉

图8-2 空气滤网

警告

接触网必须断电并已挂接地线;
到车顶作业必须佩戴符合安全要求的安全带,将安全带挂在接触网上;
工具必须放在安全位置(放在平台上,不允许放在车顶上),避免掉下伤人,或遗留在车上;
清洗混合空气过滤网时不能放置在车顶上清洗;

清洗混合空气过滤网和新风过滤金属网必须在指定的地方进行。

操作步骤及检查标准(关键工序)：

换上清洗干净并安装好的混合空气过滤网,插进导槽内,注意框架上的箭头方向指向蒸发器一端,并平行地插到底部。取下新风金属过滤网,用抹布蘸上水和洗洁精清洗新风金属过滤网,之后用清水冲洗干净。新风金属过滤网如有损坏要更换(正常的新风金属过滤网如图8-3所示),具体步骤如下：

(1)清洗混合空气过滤网。

(2)打开空气处理单元的维护盖板。

(3)上拉构架,拆下混合空气过滤器。

(4)把混合空气过滤网拿到指定地点清洗。

(5)清洗新风金属过滤网。

(6)打开空气处理单元的维护盖板。

(7)上拉新风金属过滤网。

(8)用肥皂水[H4]清洗过滤器元件,然后用水冲洗过滤器元件并风干。

(9)把新风金属过滤网装到导轨槽上,新风金属过滤网安装位置必须完全插到导轨槽的底部。

(10)关上空气处理单元的维护盖板,并锁好盖板方孔锁。

图8-3　新风金属过滤网

2. 空调机组清洗

用高压水枪清洗空调机组,切勿对新风门执行器、回风门执行器、冷凝风机电机盒及各接线端子盒喷洗。

标准工时:0.2小时,1人/单元。

工具及物料:电筒、挡水板、高压水枪、电源插排、78#方孔钥匙。

检修对象及特征：

每节车顶上装有两个VAC单元,用来制冷和通风,如图8-4a)所示。

操作步骤及检查标准(关键工序)：

(1)打开空调各盖板,并固定好。

(2)将两块挡水板固定好,防止水枪射到送风机及其接线端子盒。

(3)连接好高压水枪的电线和水管。

(4)进行清洗工作。用高压水枪清洗空调机组,切勿对新风门执行器、回风门执行器、冷凝风机电机盒及各接线端子盒喷洗,如图 8-4b)所示。

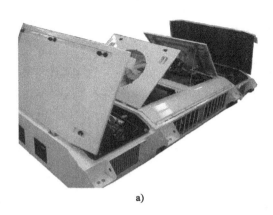
a)

b)

图 8-4 VAC 单元

3. 清洁新风门

清洁新风门、风门执行器表面并手动检查新风门,动作良好无卡滞。

标准工时:0.1 小时,1 人/单元。

工具及物料:电筒、抹布、78#方孔钥匙。

检修对象及特征:

蒸发器的两边各有一个新风节气门,用来调节供给乘客车厢的新风量,如图 8-5 所示。

操作步骤及检查标准(关键工序):

(1)打开空调蒸发器盖板,并用支撑支架固定好。

(2)用抹布清洁新风门以及新风门执行器表面。

(3)用一只手按住新风门执行器上的黑色按钮,另一只手摆动新风门叶片,检查新风门执行器动作是否顺畅、良好无卡滞的现象,如图 8-6 所示。

(4)恢复空调蒸发器盖板。

图 8-5 新风节气门

图 8-6 位置

4. 清洁传感器

用酒精清洁新风、回风、供风温度传感器,并检查传感器安装紧固无损坏。

标准工时:0.2小时,1人/单元。

工具及物料:电筒、抹布、酒精、78#方孔钥匙。

检修对象及特征:

每个VAC单元中都装有一个新风温度传感器,位于新风入口处。一个回风温度传感器位于车端方向的VAC单元下面的回风风道上,两个供风温度传感器位于第二、第三个送风机组的左侧,如图8-7所示。

操作步骤及检查标准(关键工序):

(1)检查温度传感器的外观是否有损坏。

(2)电缆是否有松脱、是否连接紧固。

(3)用抹布蘸上少许酒精轻轻擦拭温度传感器触头。

(4)关上护盖板,并锁好盖板方孔锁。

5. 蒸发室清洁

清洁蒸发室及蒸发室盖板保温层的积尘,检查蒸发室侧墙及底部胶条无脱胶,橡胶塞无丢失,安装良好。

标准工时:0.2小时,1人/单元。

工具及物料:抹布、清水、78#方孔钥匙。

检修对象及特征:蒸发室保温层位于空调机组盖板内侧,如图8-8所示。

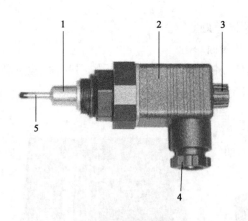
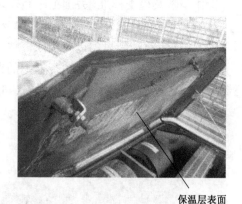

图8-7 新风温度传感器　　　　　图8-8 蒸发室保温层
1-温度传感器;2-插头;3-螺钉;4-电缆紧固头;5-感温头

操作步骤及检查标准(关键工序):

(1)用抹布蘸上清水擦掉蒸发室保温层表面的积尘。

(2)检查蒸发室侧墙及底部胶条无脱胶,橡胶塞无丢失,安装良好。

6. 清洁窥视镜

清洁窥视镜,并观察液体管路窥视镜里的湿度显示(粉红色或红色为不正常)。

标准工时:0.2 小时,1 人/单元。

工具及物料:电筒、抹布。

检修对象及特征:湿度指示器窥镜位于制冷回路中膨胀调节阀的前面,过滤器干燥器的后面,如图 8-9 所示。

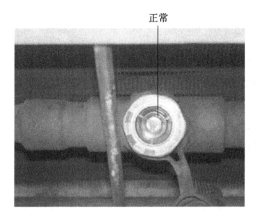
正常

不正常

图 8-9　湿度指示器窥镜

警告

接触网必须断电并已挂接地线;

到车顶作业必须佩戴符合安全要求的安全带,将安全带挂在接触网上;

工具必须放在安全位置(如放在检修平台上,不允许放在车顶上),避免掉下伤人或遗留在车上。

操作步骤及检查标准(关键工序):

目视检查湿度指示器窥镜是否有污垢,再观察镜面的警示颜色,红色或粉红色为不正常,之后用干抹布清洁湿度指示器窥镜面。

7. 清洁客室废排口、回风口及其盖板

标准工时:0.1 小时,1 人/单元。

工具及物料:抹布、清水、油漆笔、78#方孔钥匙、38 件套。

检修对象及特征:客室废排口、回风口及其盖板位于客室上方,如图 8-10 所示。

操作步骤及检查标准(关键工序):

(1)拆开挡板。

(2)清洁温度传感器及废排口、回风口内部。

(3)用抹布蘸水清洁该盖板。

(4)恢复该盖板。

图 8-10　客室废排口、回风口及其盖板

任务二　车辆空调机组主要部件检修

教学导航

地体车辆空调制冷系统主要由冷凝器、蒸发器、制冷压缩机、过滤器、制冷剂等组成。压缩机在正常运行时油位应该保持在油眼中线附近,过高过低会失去油眼对油位的监视作用。新安装的压缩机可在油眼2/3高度上,以保持试运行时油位不会太低。试车结束,应将曲轴箱内的冷冻机油放尽,并进行内部清洗,然后加油至标准油位。在运行中,当油位下降至最低限位以下时,可按加油操作程序补充冷冻机油。若油位下降失常,不能盲目加油,应停机检查、分析漏油原因,并进行处理。

为确保压缩机安全运行,必须认真调节,满足油压。为保证压缩机运行时的正常油压,保持正常油位,清洗油过滤器,疏通油管路,更换符合要求的冷冻机油是应做的日保养工作。

任务目标

1. 熟练掌握压缩机的维护与保养。
2. 熟练掌握制冷剂泄漏检查的作业标准。
3. 熟练掌握蒸发器翅片操作步骤及检查标准。

工具设备

空调滤网棉、电筒、78#方孔钥匙、肥皂水等。

检修工艺

1. 压缩机检修(相关资源见二维码58)

二维码58

检查压缩机外观完好无裂纹、各紧固件无松动,压缩机油面应高于视液镜的1/4。

标准工时:0.4小时,1人/单元。

工具及物料:电筒、抹布、油漆笔、78#方孔钥匙。

检修对象及特征:压缩机安装于蒸发器后面、冷凝器前面,为全封闭卧式螺杆压缩机,压缩机内置热保护、相序保护模块、单向阀和旁通电磁阀、视液镜,如图8-11所示。

操作步骤及检查标准:
(1)检查压缩机外观无损坏。
(2)检查压缩机各紧固件无松动。
(3)检查压缩机高低压端口无生锈。

项目八 车辆空调检修工艺

(4)用干布清洁压缩机视液镜,检查压缩机液面应高于视液镜的 1/4。

2. 制冷剂泄漏检查

测检查空调机组无制冷剂泄漏,如有则用检漏仪检测并处理。

标准工时:0.6 小时,2 人/单元。

工具及物料:电筒、抹布、油漆笔、检漏仪、78#方孔钥匙。

检修对象及特征:

空调机组各管路都是焊接而成的,空调制冷剂在管路中流动,如图 8-12 所示。

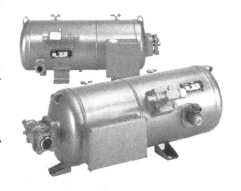

图 8-11 压缩机

图 8-12 机组各管路

操作步骤及检查标准(关键工序):

(1)检查空调机组所有设备、管路,是否出现制冷剂泄漏的现象。特别注意压缩机高压端附近、压缩机低压端附近、压缩机视液镜附近、蒸发器毛细管附近、空调机组视液镜等空调机组的所有管路的焊接点。

(2)如发现机组所有设备、管路的表面附有油脂,则现场进行判断,查看是否出现制冷剂泄漏的故障,并使用专业检漏仪和肥皂水进行泄漏点的确认,确认后进行后续处理。

3. 蒸发器翅片检查(相关资源见二维码 59)

检查蒸发器翅片表面无变形,用梳子修复变形翅片并清洁表面。

二维码 59

标准工时：0.2 小时，1 人/单元。
工具及物料：梳子、抹布、清水、油漆笔、78#方孔钥匙。
检修对象：
蒸发器外表材料，如图 8-13 所示。
操作步骤及检查标准：
检查蒸发器翅片表面有无变形，如图 8-13b）所示的变形，用梳子修复变形翅片并清洁表面。

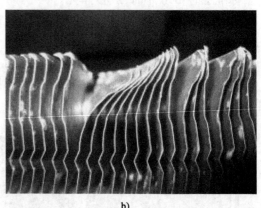

a)　　　　　　　　　　　　　　　　b)

图 8-13　蒸发器翅片

任务三　车辆空调辅助部件检修

教学导航

地铁空调机组不但要有普通空调机组的日常管理维护，还要根据地铁空调机组的特点进行维护。在日常维护中合理选择温度，在定期检修时主要根据滤网更换的频率以及当地的空气质量合理选择维修周期，从而减少故障的发生频率。并根据地铁空调机组的特点，针对空调各个部件的使用频率，合理选择维修周期，提高设备利用率。

本节重点介绍地铁空调系统中辅助部件的日常维护与保养检修工作，通过本节的学习之后可以基本掌握地铁控制的日常保养维护工作。

任务目标

1. 熟悉掌握空调机组外部螺栓、部件、紧固等检查维护保养方法。
2. 熟练掌握送风机、送风机压力传感器等检查维护保养方法。
3. 熟悉掌握废排单元与车体安装紧固、其他部件紧固检查保养。

工具设备

空调滤网棉、电筒、78#方孔钥匙、肥皂水等。

检修工艺

1. 空调机组外部螺栓检查

检查机组安装脚、接地线、软风道连接处等外部安装螺栓紧固、无松动;机组内部各部件安装紧固、电气接线无松动、无干涉。

标准工时:0.2 小时,1 人/单元。

工具及物料:电筒、油漆笔、78#方孔钥匙。

检修对象:

机组安装脚、接地线、软风道连接处等外部安装螺栓,机组内部各部件、电气接线等,如图 8-14 所示。

操作步骤及检查标准:

检查机组安装脚、接地线、软风道连接处等外部安装螺栓紧固、无松动;机组内部各部件安装紧固、电气接线无松动、无干涉。

图 8-14　接地线安装螺栓

2. 空调盖板检查

检查空调盖板无变形、铰链安装紧固,锁闭正常。

标准工时:0.1 小时,1 人/单元。

工具及物料:电筒、油漆笔、清洁剂、78#方孔钥匙。

检修对象及特征:

铰链又称合页,是用来连接空调盖板与机组箱体并使两者做转动的机械装置,如图 8-15 所示;锁闭结构在盖板的边缘,如图 8-16 所示。

图 8-15　空调盖板铰链

图 8-16　空调盖板铰链安装

操作步骤及检查标准(关键工序):

(1)用手拉起空调盖板,检查铰链的转动状态及安装紧固状态,不应出现卡滞情况及金属摩擦声。

(2)用方孔钥匙逆时针(打开方向)、顺时针(锁闭方向)转动是否有卡滞,盖板锁闭后是否有不平翘起现象,盖板锁闭后用手拉下是否能打开。

3. 送风压力传感器检查

检查送风压力传感器安装紧固、无松动,软管安装良好、无打折、无破损。

标准工时:0.1小时,1人/单元。

工具及物料:电筒、78#方孔钥匙、油漆笔。

检修对象及特征:每个供风扇的进风口和出风口之间装有两个差压检测器(16),用来检测供风扇进风口和出风口之间的气压差,如图8-17所示。

操作步骤及检查标准(关键工序):

检查送风压力传感器软管连接良好、无打折、无破损。

4. 送风机检查

送风机叶片能正常转动,外观完好,各紧固件无松动。

标准工时:0.1小时,1人/单元。

工具及物料:电筒、油漆笔、78#方孔钥匙。

检修对象:送风机叶片及各紧固件;如图8-18所示。

图8-17 送风压力传感器软管连接　　　　图8-18 送风机

操作步骤及检查标准:

(1)检查送风机叶片外观完好、能正常转动,无异响。

(2)送风机各紧固件无裂纹、无松动、划线清晰。

5. 冷凝风机检查(相关资源见二维码60)

检查冷凝风机扇叶片能正常转动,无异响,无裂纹、安装支架无裂纹、安装紧固,保护外罩无变形、安装无松动、无脱焊。

标准工时:0.1小时,1人/单元。

工具及物料:电筒、抹布、清洗、除锈剂、油漆笔、78#方孔钥匙、扎带。

二维码60　　　　检修对象及特征:

冷凝风扇位于空调单元的中间,每一个空调机组有两个冷凝风扇,如图8-19所示。

操作步骤及检查标准:

(1)用方孔钥匙打开护盖板。

(2)用手转动冷凝风扇,看叶片是否正常转动,没异响、没松脱。再仔细检查支架、叶片是否有裂纹,特别是冷凝风叶的焊接位置,有灰尘的地方可用抹布清洁后检查。

(3)检查冷凝风机电源线与支架绑扎紧固良好,扎带无断裂、无老化。

(4)将护盖板关上,用方孔钥匙将其锁闭。

6. 废排单元与车体安装紧固检查

检查废排单元与车体安装紧固,挡板是否有损坏,如变形或损坏严重则更换;格栅的外观良好,安装紧固。

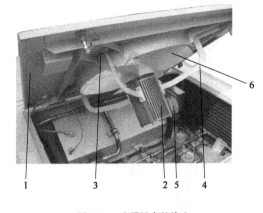

图8-19 冷凝风扇的检查
1-盖板;2-冷凝器风扇电机;3-紧固螺钉 M8×30[(16±1)N·m];4-支架;5-端子盒;6-冷凝器风扇风叶

标准工时:0.6小时,2人/单元。

工具及物料:电筒、抹布、清水、油刷、油漆笔、78#方孔钥匙、38件套。

检修对象及特征:每节车车顶中间有一个废排装置,每个装置有8个挡板,分别位于废排装置的两端,如图8-20、图8-21所示。

图8-20 废排口挡板

操作步骤及检查标准:

(1)拆开挡板。

(2)清洁温度传感器及废排口、回风口内部。

(3)用抹布蘸水清洁该盖板。

(4)恢复该盖板。

(5)格栅的外观良好,安装紧固。

(6)目测废排口挡板是否有脱落,检查废排口挡板是否有损坏,如变形或损坏严重则更换。

7. 其余零部件紧固检查

检查控制盘、各电气元件安装紧固,电气接线、插头无松动、无干涉,紧急逆变器安装紧固。

标准工时:0.3 小时,1 人/单元。

工具及物料:电筒、油漆笔、78#方孔钥匙。

检修对象特征:

检查空调柜盖板及内部各电气元件情况,如图 8-21 所示。

操作步骤及检查标准(关键工序):

(1)用 78#方孔钥匙打开空调柜,检查接地线无断股,紧固良好、划线清晰。

(2)检查控制盘、各电气元件安装紧固,电气接线、插头无松动、无干涉,划线清晰。

(3)检查紧急逆变器安装紧固,无裂纹,划线清晰。

图 8-21 空调柜各电气元件

【课后习题】

一、填空题

1. 地铁车辆空调制冷系统主要由_____、_____、_____、_____、和_____等组成。
2. 每个 VAC 单元中装有一个新风温度传感器,位于_____。
3. 清洁窥视镜,并观察液体管路窥视镜里的湿度显示,_____为不正常。
4. 新安装的压缩机可在油眼_____高度上,以保持试运行时油位不会太低。
5. _____又称_____,是用来连接空调盖板与机组箱体并使两者做转动的机械装置。

二、简答题

1. 简述更换混合空气过滤网滤芯的操作步骤及标准。
2. 简述压缩机检修的操作步骤及标准。
3. 简述制冷剂泄漏检查的操作步骤及标准。
4. 简述空调盖板检查的操作步骤及标准。
5. 简述冷凝风机检查的操作步骤及标准。

数字资源索引

序号	资源名称	所在页码	序号	资源名称	所在页码
1	车辆零部件的损伤与故障概述	2	31	供风系统的原理	60
2	车辆零部件的磨损与变形	3	32	空气干燥器检修	60
3	车辆零部件的断裂、腐蚀和老化	4	33	车辆贯通道概述	67
4	车辆电气元件的损伤	4	34	车辆贯通道的维修保养	67
5	零部件损伤引起的故障类型（一）	5	35	常见故障检修与维护	73
6	零部件损伤引起的故障类型（二）	5	36	解钩装置	74
7	检修制度概述	7	37	解钩风管连接器	76
8	车辆修程	8	38	电气连接器	76
9	车辆检修工艺基础	11	39	司机室侧门	84
10	车辆检修工艺要求	11	40	司机室侧门结构	84
11	工艺规程的作用	11	41	侧门检修内容	84
12	检修基地的分类及功能	16	42	客室车门的结构组成	88
13	车辆段的主要功能	16	43	门页V型调整	93
14	主要线路总体介绍	17	44	轮对概述	102
15	停车线与检修线	17	45	轮对检修	102
16	洗车线	18	46	车轴的检修	102
17	检修基地的主要设备	21	47	车轮检修	103
18	检修设备的配置原则	25	48	齿轮箱检修	104
19	车体结构	27	49	齿轮箱吊杆检修	105
20	车体特点	28	50	一系悬挂的检修	107
21	车体检修作业	28	51	二系悬挂系统的检修	108
22	司机室	38	52	空气弹簧外观检查	108
23	制动方式	45	53	牵引拉杆的检修	110
24	空气制动控制单元工作原理	46	54	减振器的检修	111
25	空压机油乳化	47	55	抗侧滚扭力装置	113
26	空压机漏油及螺栓滑牙	48	56	空调通风系统的结构和基本功能	118
27	EP2002制动系统概述	55	57	空调机组结构	119
28	EP2002制动系统组成	55	58	空气压缩机的检查与维修	124
29	单元制动器的日常检测与测试	56	59	蒸发器	125
30	闸瓦的故障与处理	56	60	冷凝器	128

参 考 文 献

[1] 刘柱军,曾颖委.城市轨道交通车辆机械检修[M].北京:人民交通出版社股份有限公司,2016.
[2] 褚延辉,康鹏.城市轨道交通车辆结构与维修[M].北京:机械工业出版社,2012.
[3] 郭凝.城市轨道交通车辆机械检修[M].上海:上海科学技术出版社,2013.